普通高等教育"十四五"规划教材·课程思政系列
南京财经大学（国家级）经济管理实验教学示范中心精品课程教材
南京财经大学会计学专业系列教材
南京财经大学（国家级）一流本科专业建设教材
江苏高校品牌专业建设工程项目资助项目

企业会计模拟实训（第二版）

主编／成骏 胡桂青

副主编／张广源

图书在版编目（CIP）数据

企业会计模拟实训 / 成骏，胡桂青主编. -- 2 版.
-- 上海：立信会计出版社，2024.7. -- ISBN 978-7-5429-7703-8 　　　　　　　　　　　　（2025.1 重印）
Ⅰ．F275.2
中国国家版本馆 CIP 数据核字第 202405UR92 号

策划编辑　　王斯龙
责任编辑　　王斯龙
美术编辑　　吴博闻

企业会计模拟实训（第二版）

QIYE KUAIJI MONI SHIXUN

出版发行	立信会计出版社		
地　　址	上海市中山西路 2230 号	邮政编码	200235
电　　话	(021)64411389	传　　真	(021)64411325
网　　址	www.lixinaph.com	电子邮箱	lixinaph2019@126.com
网上书店	http://lixin.jd.com		http://lxkjcbs.tmall.com
经　　销	各地新华书店		
印　　刷	常熟市人民印刷有限公司		
开　　本	787 毫米×1092 毫米　　1/16		
印　　张	13.75		
字　　数	335 千字		
版　　次	2024 年 7 月第 2 版		
印　　次	2025 年 1 月第 2 次		
书　　号	ISBN 978 - 7 - 5429 - 7703 - 8/F		
定　　价	45.00 元		

如有印订差错，请与本社联系调换

第二版前言

　　会计学是一门技术性、应用性很强的学科。《中华人民共和国高等教育法》明确提出，高等教育的任务是培养具有创新精神与实践能力的高级专门人才。因此，独立开设会计实训课程业已成为高校会计学专业的共识，是会计实践教学的重要组成。而会计实训教材是会计教学相长的纽带，也是教师教学的取材之源，又是学生求知解惑和能力培养之本。为此，南京财经大学会计学院在总结了近40年来会计实训教学与研究的基础上，组织了富有会计实践经历和长期从事会计实践教学的骨干教师，精心编写了新的《企业会计模拟实训》教材。

　　本教材具有综合性、完整性、系统性和超前性的特点：

　　一是，经济业务内容体现了我国"营改增"全面实施后最新的相关税收政策、税法规定和会计制度（准则）的新要求。

　　二是，模拟的经济业务涵盖了企业典型的、常用的经济类型，采用了全电票、电子支付结算凭证等新形式。

　　三是，会计实训按照会计基本工作过程，完成建账、填制、审核原始凭证和记账凭证、登记账簿、成本计算、编制会计报表等工作任务。

　　四是，实训内容与实际工作紧密连接，体现党的二十大精神，培养学生的职业意识，提高学生的职业素质，强化学生的思政德育，帮助学生形成工作能力。

　　本教材主要内容包括：一是企业会计模拟实训概述；二是企业会计模拟实训操作规范；三是企业基本资料；四是企业会计模拟实训操作，是本教材的重点内容，充分涵盖企业经济范围，要求学生在高度仿真的情况下进行真账实操训练，为日后走向会计工作岗位奠定基础。

　　本教材由南京财经大学成骏、胡桂青任主编，山东财经大学东方学院张广源任副主编，最后由成骏进行了总纂。

　　由于我们水平有限，加之时间仓促，书中疏漏之处敬请读者批评指正。

编　者
2024年7月

目　　录

项目一　企业会计模拟实训概述 ·· 1
　　一、实训目标 ·· 1
　　二、实训的内容 ·· 1
　　三、实训的组织 ·· 1
　　四、实训成绩评定标准 ··· 2
　　五、实训准备材料 ·· 2

项目二　企业会计模拟实训操作规范 ·· 3
　　一、原始凭证操作规范 ··· 3
　　二、记账凭证操作规范 ··· 4
　　三、会计账簿操作规范 ··· 5
　　四、对账与结账规范 ·· 6
　　五、会计报表编制规范 ··· 8

项目三　企业基本资料 ··· 9
　　一、企业基本信息 ·· 9
　　二、企业机构设置 ·· 9
　　三、财务部人员分工 ·· 9
　　四、企业内部核算制度 ··· 10

项目四　企业会计模拟实训操作 ·· 12
　　一、建账 ·· 12
　　二、业务处理 ··· 16
　　三、科目汇总表及会计报表 ··· 197

附录　教学要求及教学内容（课程思政） ·· 213

项目一　企业会计模拟实训概述

一、实训目标

企业会计模拟实训是在学生学完专业主干课程之后开设的综合性实践课程。通过企业会计模拟实训,将会计专业知识和会计实务工作有效地结合在一起,学生能比较系统地演练企业会计核算的基本程序和具体方法,加强学生对会计基本理论的理解和掌握。企业会计模拟实训以"南京顺驰汽车科技有限公司"为模拟企业,采用原始凭证形式给出模拟企业12月份发生的各种经济业务,要求学生做出正确的会计处理,以达到以下实训目标:

(1) 教学目标:通过对企业会计模拟实训的操作,使学生可以综合运用所学的会计核算方法,系统掌握企业会计核算的全过程。

(2) 知识目标:使学生理解会计学的基本知识与理论,全面系统地掌握和运用会计核算的方法体系。

(3) 能力目标:使学生能够依据会计法律制度、企业会计准则和税收法律制度,正确把握企业会计学的基本方法及其应用,培养对企业经济业务的会计处理能力,提高学生的会计职业判断能力。

(4) 素质目标:坚持以新时代社会主义思想为指导,落实立德树人根本任务,帮助学生了解相关法律法规和相关政策,促进德法兼修,培育学生坚持准则、依法核算、恪守信用、诚信服务的职业素养。

二、实训的内容

根据南京顺驰汽车科技有限公司12月份的期初资料和12月份发生的经济业务,完成填制会计凭证、登记会计账簿、编制会计报表等会计工作。

三、实训的组织

(1) 本实训一般在"基础会计""财务会计"和"成本会计"等课程结束后开展,建议课时为70学时。

(2) 根据实训业务量购买所需的工具、会计凭证、会计账簿、会计报表等会计用品。

(3) 教师介绍实训的目的、企业的概况及内部核算制度、实训的时间安排等,使学生对实训有一个清晰的认识和积极的态度。

(4) 本实训可以有两种开展方式:一是按岗位分组完成;二是由每个学生自己独立完成。

(5) 实训结束后,学生应对所填制的会计凭证、登记的会计账簿、编制的会计报表进行整理,并按要求装订成册,交教师评分;同时,学生需撰写一份实训报告,总结实训中的心得体会。

四、实训成绩评定标准

(1) 实训成绩评定采用百分制：优秀(90分以上)、良好(80～90分)、中等(70～80分)、及格(60～70分)、不及格(60分以下)。

(2) 标准分数构成为：①填制会计凭证(30分)；②登记账簿(30分)；③成本计算及损益计算(10分)；④纳税申报(10分)；⑤编制会计报表(10分)；⑥会计档案整理及工作纪律(10分)。

(3) 会计凭证的扣分标准为：①填制凭证按错填所占比例扣分；②会计分录出错不给分；③其他项目出错酌情扣分。

(4) 账簿的扣分标准为：①账簿登记按出错次数所占全部账簿登记次数的比例扣分；②登记出错或与会计凭证不符的不给分；③登记不规范酌情扣分。

(5) 各种计算表和会计报表计算出错不给分，其他项目出错酌情扣分。

五、实训准备材料

(1) 通用记账凭证140张；科目汇总表6张。

(2) 总账账页70张；现金日记账账页2张；银行存款日记账账页3张；三栏式明细账账页75张；数量金额式明细账账页25张；多栏式明细账账页15张。

(3) 试算平衡表2张；资产负债表2张；利润表2张；现金流量表2张；所有者权益变动表2张。

(4) 记账凭证封面3张；总账、日记账、明细账的封面各1张；会计报表封面1张。

注意：以上数量为预估数量，实际操作中若发生短缺，请及时补充。

项目二　企业会计模拟实训操作规范

一、原始凭证操作规范

(一) 原始凭证的填制要求

1. 记录要真实

记录真实,就是要实事求是地填写经济业务,原始凭证填制日期、业务内容、数量、金额等必须与实际情况相一致,不得歪曲经济业务真相、弄虚作假。对于实物数量、质量和金额的计算,要准确无误,不得匡算或估计,确保凭证所记录的内容真实可靠。

2. 内容要完整

原始凭证上各项内容要逐项填制齐全,不得遗漏或省略。年、月、日要按照取得原始凭证的实际日期填写;名称要齐全,不能简化;品名或用途要填写明确,不能含糊不清;需要填写一式数联的原始凭证,必须用复写纸套写,各联的内容必须完全相同,联次不得缺少;业务经办人员必须在原始凭证上签名或盖章,对原始凭证的真实性和正确性负责。

3. 手续要完备

单位自制的原始凭证必须附有经办单位领导或其他指定的人员签名或盖章;对外开出的原始凭证必须加盖本单位公章;从外部取得的原始凭证,必须盖有填制单位的公章;从个人取得的原始凭证,必须有填制人员的签名或盖章。这里所说的"公章",是指具有法律效力或特定用途,能够证明单位身份和性质的印鉴,包括业务公章、财务专用章、发票专用章、结算专用章等。

4. 书写要清楚、规范

填写原始凭证要字迹清晰,易于辨认,不得使用未经国务院公布的简化汉字。大小写金额必须相符且填写规范。原始凭证数字及文字填写应注意以下几点:

(1) 中文大写金额数字应用正楷或行书填写,如壹、贰、叁、肆、伍、陆、柒、捌、玖、拾、佰、仟、万、亿、元、角、分、零、整(正)等字样。不得用一、二(两)、三、四、五、六、七、八、九、十、毛、另(或 0)填写,不得自造简化字。

(2) 中文大写金额到元或角为止的,后面要写"整"或"正"字,大写金额数字有"分"的,"分"后面不写"整"(或"正")字。

(3) 中文大写金额数字前应标明"人民币"字样,大写数字应紧接"人民币"字样填写。未印"人民币"字样的,应加填"人民币"三个字。

(4) 小写金额用阿拉伯数字逐个填写。阿拉伯小写金额数字前面,均应填写人民币符号"￥"(或草写￥),不得写连笔字,人民币符号"￥"与阿拉伯数字之间不得留有空白。金额数字一律填写到角分,无角分的,写"00"或符号"—"。有角无分的,分位写"0",不得用符号"—"。

(5)阿拉伯数字中间有"0"时,中文大写金额要写"零"字。阿拉伯数字中间连续有几个"0"时,中文大写金额中间可以只写一个"零"字。但如果阿拉伯数字万位或元位是"0",而千位和角位不是"0"时,中文大写金额中可以只写一个"零"字,也可以不写"零"字。

(6)现行结算票据的出票日期必须使用中文大写。为防止出票日期被篡改,在填写月、日时,月为壹、贰和壹拾的,日为壹至玖和壹拾、贰拾和叁拾的,应在其前加"零";日为拾壹至拾玖的,应在其前加"壹"。票据出票日期使用小写填写的,银行不予受理。

5. 编号要连续

各种原始凭证要连续编号,以便查考。有些原始凭证已预先印定编号,特别是涉及库存现金、银行存款收付的原始凭证,如发票、收据、支票,都有连续编号,应按编号连续使用。这类原始凭证如有填写错误,应予以作废并重填,并在填错的原始凭证上加盖"作废"戳记,与存根一起保存,不得任意销毁。

6. 不得涂改、刮擦、挖补

原始凭证发生差错要按规定的方法更正,不得涂改、刮擦、挖补。原始凭证有错误的,应当由出具单位重开或更正,更正处应当加盖出具单位印章。原始凭证金额有错误的,应当由出具单位重开,不得在原始凭证上更正。

7. 填制要及时

每笔经济业务发生或完成时,经办人员必须及时取得或填制原始凭证,并按照规定的程序及时送交财务部门审核、记账,不能提前,也不能事后补办,做到不积压、不误时、不事后补制。

(二)原始凭证的审核

一切原始凭证由经济业务当事人填写或取得后,应按规定程序将其有关联次(如会计联、记账联等)及时送交财会部门,以便进行审核并据以编制记账凭证。只有审核无误的原始凭证才能作为编制记账凭证和登记会计账簿的依据。

原始凭证的审核包括以下两个方面:

(1)形式上的审核。审核原始凭证是否符合规定的要求,凭证中所应具备的内容是否填列齐全,尤其是要审核是否真实可靠,数字计算是否正确,大、小写金额是否相符,数字和文字是否清晰,有关人员是否签章等。

(2)实质上的审核。审核原始凭证的来源是否可靠,凭证所反映的经济业务是否合法、合规、合理,是否符合国家财经法规以及本单位制定的有关制度、预算和计划等;是否存在弄虚作假、贪污舞弊等行为;是否履行了规定的手续,有无背离经济效益原则和违反内部控制制度的现象等。

二、记账凭证操作规范

(一)记账凭证的填制要求

(1)填制记账凭证的日期和编号。填制记账凭证的日期原则上应与经济业务发生的日期或收到原始凭证的日期一致。若业务发生日期与原始凭证收到日期不一致,则可按收到日期填列,而将业务发生日期写入摘要内。使用通用格式的记账凭证时,记账凭证应统一连续编号。采用收、付、转专用记账凭证时,这三类记账凭证应分别连续编号。

(2)所附原始凭证必须完整无缺,并在记账凭证上注明原始凭证的张数,以便核对摘要及所编会计分录的正确性。一张原始凭证如涉及几张记账凭证的,可以把原始凭证附在一张主要的记账凭证后面,并在其他记账凭证上注明附有该原始凭证的记账凭证的编号。一张原始凭证所列的支出需要由几个单位共同负担时,应当由保存该原始凭证的单位开具原始凭证分割单给其他应负担的单位。

(3) 各种记账凭证应按照填制的顺序,每月分别从第 1 号开始连续编号。如采用通用记账凭证格式,应采用顺序编号。如采用专用记账凭证格式,则采用字号编号:收款凭证用"现收字第××号""银收字第××号";付款凭证用"现付字第××号""银付字第××号";转账凭证用"转字第××号"。如果一项交易或事项需要填制一张以上的记账凭证时,记账凭证的编号应采用"分数编号法",即每一项交易或事项编一个总号,再按凭证张数编几个分号。

(4) 记账凭证填制完经济业务事项后,如有空行,应当自金额栏最后一笔金额数字下的空行处至合计数上的空行处划线注销。

(二) 记账凭证错误的处理

(1) 填制时发生错误的,应当重新填制。

(2) 已登记入账,在当年内发现填写错误时,对于金额以外有错的,先用红字填写一张与原内容相同的记账凭证,在摘要栏注明"注销某月某日某号凭证"字样,同时再用蓝字重新填制一张正确的记账凭证,注明"订正某月某日某号凭证"字样;对于只是金额错误的,也可将正确数字与错误数字之间的差额,另编一张调整的记账凭证(调增金额用蓝字、调减金额用红字)。

(3) 发现以前年度记账凭证有错误的,应当用蓝字填制一张更正的记账凭证。

(三) 记账凭证的审核

(1) 内容是否真实。审核记账凭证是否附有原始凭证,所附原始凭证是否经过审核且其内容与记账凭证的内容是否一致等。

(2) 项目是否齐全。审核凭证上是否有日期、凭证编号、摘要、会计科目、金额、所附原始凭证张数及有关人员签章等。

(3) 科目是否正确。审核记账凭证的应借、应贷科目是否正确,是否有明确的账户对应关系,所使用的会计科目是否符合有关会计制度的规定等。

(4) 金额是否正确。审核记账凭证所记录的金额与原始凭证的有关金额是否一致,所附原始凭证中的数量、单价、金额计算等是否正确。

(5) 书写是否规范。审核记账凭证中的记录是否文字工整、数字清晰,是否按规定使用蓝黑墨水,是否按规定进行更正等。

三、会计账簿操作规范

(1) 登记会计账簿时,应当将会计凭证日期、编号、业务内容摘要、金额和其他有关资料逐项记入账内,做到数字准确、摘要清楚、登记及时、字迹工整。对每一项会计事项,一方面要记入有关的总账,另一方面也须记入该总账所属的明细账。会计账簿记录中的日期,应该填写记账凭证上的日期;以自制原始凭证,如收料单、领料单等作为记账依据的,会计账簿记录中的日期应按有关自制凭证上的日期填列。

(2) 登记完毕后,要在记账凭证上签名或者盖章,并注明"√"表示已经登账。

（3）会计账簿中书写的文字或数字应紧靠底线书写，上面要留有适当空格，不要写满格，一般应占格距的二分之一，以便留有改错的空间。

（4）登记会计账簿必须用蓝黑色墨水或者碳素墨水书写，不得使用圆珠笔（银行的复写账簿除外）或者铅笔书写。

（5）特殊记账使用红色墨水。下列情况，可以用红色墨水记账：①编制红字冲账的记账凭证，冲销错误记录；②在不设借贷等栏的多栏式账页中，登记减少数；③在三栏式账户的余额栏前，如未印明余额方向，可用红色墨水在余额栏内登记负数余额；④根据国家统一的会计制度的规定可以用红字登记的其他会计记录。

（6）各种账簿应按账户页次顺序连续登记，不得跳行、隔页。如果发生跳行、隔页现象，应在空行、空页处用红色墨水划对角线注销，注明"此页空白"或"此行空白"字样，并由记账人员签章。

（7）凡需要结出余额的账户，结出余额后，应在"借或贷"栏内写明"借"或者"贷"字样，以示余额的方向。没有余额的账户，应在"借或贷"栏内写"平"字，并在"余额"栏内用"⌀"表示。现金日记账和银行存款日记账必须逐日结出余额。

（8）对于登错的记录，不得刮擦、挖补、涂改或用药水消除字迹等手段更正错误，也不允许重抄，应采用正确的错账更正规则进行更正。

（9）各账户在一张账页登记完毕结转下页时，应当结出本页合计数和余额，写在本页最后一行和下页第一行有关栏内，并在本页最后一行的"摘要"栏内注明"转次页"字样，在下一页第一行的"摘要"栏内注明"承前页"字样，以保持会计账簿记录的连续性，便于对账和结账。对"转次页"的本页合计数如何计算，一般分三种情况：第一种，需要结出本月发生额的账户，结计"转次页"的本页合计数应当为自本月初起至本页末止的发生额合计数，如现金日记账及采用"账结法"下的各损益类账户；第二种，需要结计本年累计发生额的账户，结计"转次页"的本页合计数应当为自年初起至本页末止的累计数，如采用"表结法"下的各损益类账户；第三种，既不需要结计本月发生额也不需要结计本年累计发生额的账户，可以只将每页末的余额结转次页，如债权、债务结算类账户和财产物资类账户等。

四、对账与结账规范

（一）对账

1. 账证核对

账证核对是指核对账簿记录与原始凭证、记账凭证的时间、凭证字号、内容、金额是否一致，记账方向是否相符，以做到账证相符。一般来说，日记账应与收款凭证、付款凭证相核对，总账应与记账凭证相核对，明细账应与记账凭证或原始凭证相核对。通常这种核对是在日常编制凭证和记账过程中进行的。

2. 账账核对

账账核对是指核对不同会计账簿之间的账簿记录是否相符，主要包括：

（1）总分类账簿之间的核对，即核对所有总分类账户借方发生额合计与贷方发生额合计是否相符；所有总分类账户借方余额合计与贷方余额合计是否相符。

（2）总分类账簿与所属明细分类账簿之间的核对，即核对总分类账户余额合计与其所属明细分类账户余额合计是否相符。

(3) 总分类账簿与序时账簿之间的核对，即核对库存现金总分类账和银行存款总分类账的余额与其日记账的余额是否相符。

(4) 明细分类账簿之间的核对，即核对财会部门的财产物资明细分类账户余额与财产物资保管、使用部门的有关明细分类账户余额是否相符。

3. 账实核对

账实核对是指核对各项财产物资、债权债务等账面余额与实有数额是否相符，主要包括：

(1) 现金日记账账面余额与库存现金实际库存数逐日核对是否相符。

(2) 银行存款日记账账面余额与银行对账单的余额是否相符。

(3) 财产物资明细账账面余额与财产物资的实有数额是否相符。

(4) 有关债权债务明细账账面余额与对方单位的账面记录是否相符。

(二) 结账

企业应当依据有关法律法规规定的结账日进行结账，不得提前或延迟。年度结账日为公历年度每年的12月31日；半年度、季度、月度结账日分别为公历年度每半年、每季、每月的最后一天。

1. 结账的内容

结账的内容通常包括两个方面：一是结清各种损益类账户，并据以计算确定本期利润；二是结清各资产、负债和所有者权益类账户，分别结出本期发生额合计和余额。

2. 结账的程序

结账程序包括四个步骤：

(1) 将本期内发生的经济业务全部记入有关账簿。若发生漏账、错账，应及时补记、更正，既不能提前结账，也不能将本期发生的经济业务推迟至下期登账。

(2) 根据权责发生制的要求，调整有关账项，合理确定本期应计的收入和应计的费用。

(3) 将损益类账户转入"本年利润"账户，结平所有损益类账户。

(4) 结算出资产、负债和所有者权益类账户的本期发生额和余额，并结转下期。

3. 结账的方法

结账时，应当根据不同账户的记录，分别采用不同的方法：

(1) 对不需按月结计本期发生额的账户，如债权、债务明细账和财产物资明细账，每次记账以后，都要随时结出余额，每月最后一笔余额即为月末余额。月末结账时，只需要在最后一笔经济业务记录之下通栏划单红线，不需要再结计一次余额。

(2) 现金日记账、银行存款日记账和需要按月结计发生额的收入、费用等明细账，每月结账时，需要在最后一笔经济业务记录下面通栏划单红线，结出本月发生额和期末余额，在摘要栏内注明"本月合计"字样，并在下面通栏划单红线。

(3) 需要结计本年累计发生额的某些明细账户，如收入、费用等明细账，每月结账时，应在"本月合计"行下结出自年初起至本月末止的累计发生额，登记在月份发生额下面，在摘要栏内注明"本年累计"字样，并在下面通栏划单红线；12月末的"本年累计"就是全年累计发生额，全年累计发生额下面应通栏划双红线。

(4) 总账账户平时只需结出月末余额。年终结账时，要将所有总账账户结出全年发生额和年末余额，在摘要栏内注明"本年合计"字样，并在合计数下通栏划双红线。

（5）年度终了结账时，有余额的账户，要将余额结转到下年，并在摘要栏注明"结转下年"字样。在下一会计年度新建有关会计账户的第一行余额栏内填写上年结转的余额，并在摘要栏注明"上年结转"字样。

五、会计报表编制规范

为了确保会计报表的质量，使会计信息真正成为使用者进行管理和决策的重要依据，会计报表的编制要做到以下要求。

1. 数字真实

会计报表是一个信息系统，真实性是对会计信息质量的基本要求。编制会计报表时，必须做到账账、账实、账表相符，不得匡计数字，更不得弄虚作假，隐瞒谎报、篡改数字，应如实地反映企业的财务状况、经营成果和现金流量。

2. 计算准确

日常的会计核算以及编制会计报表，涉及大量的数字计算，只有准确的计算，才能保证数字的真实可靠。这就要求编制会计报表必须以核对无误后的账簿记录和其他有关资料为依据，不能使用估计或推算的数据，更不能以任何方式弄虚作假，玩数字游戏或隐瞒谎报。

3. 内容完整

各种会计报表之间，以及会计报表的各项指标之间，是相互联系、互为补充的，因此，必须按照《企业会计准则——应用指南》规定的种类、格式和内容填报。各会计主体对国家规定应予填报的各种报表和表内各项目，要填报齐全，不得随意漏编、漏报；报表附注和应该编制的附表及财务情况说明书，必须同时编报。会计报表应当反映企业经济活动的全貌，只有全面反映企业的财务状况和经营成果，才能满足各方面对会计信息的需要。凡是国家要求提供的会计报表，各企业必须全部编制并报送，不得漏编和漏报。凡是国家统一要求披露的信息，都必须披露。

4. 说明清楚

会计报表编制之后，还必须按照会计准则和有关制度规定及上级主管部门的要求，对需要说明的诸如会计报表中主要指标的构成和计算方法、本报告期发生的特殊情况等问题，写出简要的文字说明，以便使用者了解与会计报表有关的情况，作出正确决策和判断。

项目三　企业基本资料

一、企业基本信息

企业名称：南京顺驰汽车科技有限公司
企业类型：工业企业
企业性质：股份有限公司（增值税一般纳税人）
企业地址：南京市江宁区华商路8号
法人代表：章飞跃
注册资本：800万元
联系电话：025-52936750
开户银行：工商银行南京鼓楼支行
银行账号：43010114091000236682
统一社会信用代码：9132011578383206X8
经营范围：生产汽车零部件（配件A、配件B、配件C）

二、企业机构设置

基本生产车间：热处理车间和冷加工车间
辅助生产车间：机修车间和车队
管理部门：办公室、财务部等
销售部门：销售部门

三、财务部人员分工

邱兆明：财务总监，全面负责财务部工作，制定本企业财务制度，负责企业资金调度，审查企业财务计划执行情况。

乔国辉：财务经理，负责会计稽核和总账报表核算，包括审核会计凭证、登记总账和编制会计报表。

程倩倩：会计，负责工资薪金、收入、费用、利润及涉税业务的核算，包括填制相关会计凭证及相关明细账的登记。

杨富春：会计，负责财产物资、资金往来及成本的核算，包括填制相关会计凭证、成本计算及相关明细账的登记。

李梦旭：出纳，负责出纳核算，包括办理现金和银行存款收付业务、负责票据和有价证券保管工作、登记现金日记账和银行存款日记账。

四、企业内部核算制度

（一）货币资金

出纳人员应严格遵守银行结算制度和现金管理制度，及时登记现金和银行存款日记账。

（二）存货

（1）企业存货包括原材料、周转材料和库存商品，采用实际成本计价。其中，原材料包括主材料、辅助材料、燃料、包装材料等；周转材料包括低值易耗品、包装物等。

（2）低值易耗品领用采用一次摊销法。包装物在生产过程中领用，计入生产成本。

（3）发出存货成本采用全月一次加权平均法计算。月末，财务部门根据"发料凭证汇总表"，采用全月一次加权平均法计算发出存货的平均单价及发出存货的成本。

（4）每月月末要对各种库存存货进行实地盘点。对于盘盈盘亏的存货，由董事会批准后进行账务处理。

（5）期末，存货按成本与可变现净值孰低原则计价。存货跌价准备按单个存货项目的成本高于其可变现净值的差额提取。

（三）应收款项

应收款项包括应收账款、其他应收款等。每年年末，应收款项按应收账款余额百分比法计提坏账准备，提取比例为0.3%。

（四）固定资产

固定资产包括房屋及建筑物、生产设备、运输设备、电子设备等。

固定资产按平均年限法计提折旧。房屋及建筑物的折旧年限为20年；生产设备和运输设备的折旧年限为5年；电子设备的折旧年限为3年。

（五）无形资产

无形资产包括土地使用权、商标权、专利权、专有技术等。无形资产自取得当月起在预计使用年限内分期平均摊销，计入损益。

（六）职工薪酬

职工薪酬包括工资、职工福利、养老保险、失业保险、工伤保险、生育保险、住房公积金、职工教育经费、工会经费等。

（1）工资在月末计提，并按受益对象进行分配，在下月初实际支付。

（2）职工福利在实际发生时入账，并进行分配。

（3）养老保险（缴费比例：单位19%，个人8%）、医疗保险（缴费比例：单位9%，个人2%）、失业保险（缴费比例：单位0.5%，个人0.5%）、工伤保险（缴费比例：单位1%）、生育保险（缴费比例：单位1%）、住房公积金（缴费比例：单位8%，个人8%）、职工教育经费（8%）、工会经费（2%）计入产品成本和期间费用。

（七）产品成本

产品成本计算采用品种法，并在"生产成本"总账下，按"基本生产成本""辅助生产成本"设置二级明细账，分别核算基本生产车间和辅助生产车间发生的各项生产费用。

（1）在"生产成本——基本生产成本"二级明细账下，按配件A、配件B、配件C三种产品设置三级明细账，并按"直接材料""直接人工""制造费用"三个成本项目归集应负担的生产费用。其中，发生的直接材料费用、直接人工费用按实际发生数直接计入产品成本；发生的各项间接生产费用先通过"制造费用"账户归集,并按"热处理车间""冷加工车间"设置明细账,月末再按生产工时比例分配转入配件 A、配件 B、配件 C 的成本中。

(2) 在"生产成本——辅助生产成本"二级明细账下,按"机修车间""车队"设置三级明细账,月末采用直接分配法按受益对象的受益量进行辅助生产费用分配。

(3) 完工产品成本采用约当产量法计算,将期初在产品成本和本月发生的生产费用合计数在期末在产品和完工产品之间进行分配,编制产品成本计算单。该企业材料在生产开始时一次投入。

(4) 各种分配率、单价、单位成本保留 2 位小数,尾差在末项调整(注:如果希望得到更精确的数字,可要求保留多位小数)。

(八) 各项税费

增值税税率为 13%,城市维护建设税税率为 7%,教育费附加征收率为 3%,地方教育附加征收率为 2%,企业所得税税率为 25%。企业所得税分月预缴,年终汇算清缴。

(九) 利润分配

(1) 法定盈余公积的提取比例为 10%。

(2) 当年若发放股利,需由股东会议决定。

(十) 会计核算流程

本模拟实训采用科目汇总表账务处理程序,即根据记账凭证定期编制科目汇总表,并登记总账。科目汇总表账务处理程序的流程如下:

(1) 根据原始凭证编制汇总原始凭证。

(2) 根据原始凭证或汇总原始凭证编制记账凭证。

(3) 根据收、付款凭证逐笔登记现金日记账和银行存款日记账。

(4) 根据原始凭证、汇总原始凭证和记账凭证逐笔登记各明细分类账。

(5) 根据记账凭证定期编制科目汇总表。

(6) 根据科目汇总表登记总分类账。

(7) 期末,将现金日记账和银行存款日记账余额分别与现金总账和银行存款总账余额进行核对,将各明细分类账余额之和与有关总分类账余额进行核对。

(8) 期末,根据核对无误的总分类账和明细分类账记录,编制会计报表。

(9) 将上述会计资料整理完毕后装订成册。

项目四　企业会计模拟实训操作

一、建账

根据企业12月期初资料，开设账户并登记余额。

1. 期初建账资料

总账及明细账期初资料

2023年12月1日　　　　　　　　　　　　　　　　　　　　　　　单位：元

总账科目	明细科目	借方余额	贷方余额	备注
库存现金		1 200		
银行存款		2 026 000		
其他货币资金	存出投资款	160 000		
交易性金融资产	成本			
	公允价值变动			
应收票据	银行承兑汇票			
	商业承兑汇票	210 000		
应收账款	南京灵动新能源车辆有限公司	180 000		
	南通倍特机械有限公司	20 000		
	常州瑞通制造有限公司	200 000		
待摊费用	书报费	300		
其他应收款	预借差旅费			
坏账准备			2 500	
在途物资	甲材料	13 000		
原材料	主材料	192 000		甲材料2 000千克，单价12.4元/千克，共计24 800元；乙材料11 000千克，单价15.2元/千克，共计167 200元

(续表)

总账科目	明细科目	借方余额	贷方余额	备注
原材料	辅助材料	12 830		润滑剂 A 500 千克,单价 16.7 元/千克,共计 8 350 元;润滑剂 B 400 千克,单价 11.2 元/千克,共计 4 480 元
	燃料	35 490		成品油 A 2 400 千克,单价 5.6 元/千克,共计 13 440 元;成品油 B 4 500 千克,单价 4.9 元/千克,共计 22 050 元
	包装材料	5 640		泡沫塑料 400 千克,单价 14.1 元/千克,共计 5 640 元
库存商品	配件 A	139 200		12 000 只,单价 11.6 元/只
	配件 B	84 000		5 000 只,单价 16.8 元/只
	配件 C	83 160		6 300 只,单价 13.2 元/只
周转材料	包装物	6 850		配件 A 包装箱 350 个,单价 11 元/个,共计 3 850 元;配件 B 包装箱 120 个,单价 10 元/个,共计 1 200 元;配件 C 包装箱 180 个,单价 10 元/个,共计 1 800 元
	低值易耗品	3 040		安全帽 80 个,单价 38 元/个,共计 3 040 元
生产成本	配件 A	7 100		其中:直接材料 5 000 元,直接人工 1 400 元,制造费用 700 元
	配件 B	13 300		其中:直接材料 8 500 元,直接人工 3 000 元,制造费用 1 800 元
	配件 C	55 600		其中:直接材料 48 000 元,直接人工 4 800 元,制造费用 2 800 元
固定资产		7 862 588		
累计折旧			448 645.06	
在建工程	仓库工程	250 000		
无形资产	专利权	240 000		
累计摊销			72 000	
应付账款	苏州卓达商贸有限公司		300 000	
	常州精炼石化有限公司			

（续表）

总账科目	明细科目	借方余额	贷方余额	备注
应付账款	镇江晶润化工有限公司			
	无锡爱邦包装制品有限公司			
	徐州荣盛合金材料有限公司		12 000	
应付职工薪酬	工资		571 400	
	职工福利			
	养老保险		108 566	
	失业保险		2 857	
	医疗保险		51 426	
	工伤保险		5 714	
	生育保险		5 714	
	住房公积金		45 712	
	职工教育经费			
	工会经费		13 594	
应交税费	未交增值税		160 000	
	应交城市维护建设税		11 200	
	应交教育费附加		4 800	
	地方教育附加		1 600	
	应交印花税		523.94	
	应交个人所得税			
应付利息			3 000	
长期借款			400 000	
实收资本			8 000 000	
盈余公积			150 000	
利润分配	未分配利润		260 000	
	提取法定盈余公积			
	应付利润			

2. 期初资产负债表资料

资产负债表年初资料

会企01表

编制单位： ___年___月___日　　　　　　　　　　　　　　　　单位：元

资　产	期末余额	上年年末余额	负债和所有者权益（或股东权益）	期末余额	上年年末余额
流动资产：			流动负债：		
货币资金		1 967 500	短期借款		600 000
交易性金融资产			交易性金融负债		
衍生金融资产			衍生金融负债		
应收票据		190 000	应付票据		209 937
应收账款		357 000	应付账款		205 000
应收款项融资			预收款项		
预付款项			合同负债		
其他应收款			应付职工薪酬		815 980
存货		588 600	应交税费		175 233
合同资产			其他应付款		3 000
持有待售资产			持有待售负债		
一年内到期的非流动资产			一年内到期的非流动负债		
其他流动资产			其他流动负债		
流动资产合计		3 103 100	流动负债合计		2 009 150
非流动资产：			非流动负债：		
债权投资			长期借款		400 000
其他债权投资			应付债券		
长期应收款			租赁负债		
长期股权投资			长期应付款		
其他权益工具投资			预计负债		
其他非流动金融资产			递延收益		
投资性房地产			递延所得税负债		
固定资产		7 476 050	其他非流动负债		
在建工程		50 000	非流动负债合计		400 000
生产性生物资产			负债合计		2 409 150
油气资产			所有者权益（或股东权益）		
使用权资产			实收资本（或股本）		8 000 000
无形资产		190 000	其他权益工具		
开发支出			其中：优先股		

(续表)

资　产	期末余额	上年年末余额	负债和所有者权益（或股东权益）	期末余额	上年年末余额
商誉			永续债		
长期待摊费用			资本公积		
递延所得税资产			减：库存股		
其他非流动资产			其他综合收益		
非流动资产合计		7 716 050	专项储备		
			盈余公积		150 000
			未分配利润		260 000
			所有者权益（或股东权益）合计		8 410 000
资产总计		10 819 150	负债和所有者权益（或股东权益）总计		10 819 150

3. 损益类账户2023年1～11月发生额及2022年累计发生额

损益类账户2023年1～11月发生额及2022年累计发生额

单位：元

账户名称	2023年1～11月累计发生额		2022年度累计发生额	
	借方	贷方	借方	贷方
主营业务收入		18 853 000		18 650 000
其他业务收入		100 340		106 200
公允价值变动收益		13 804		20 391
投资收益		76 034		67 389
营业外收入		53 000		59 000
主营业务成本	12 560 090		13 166 809	
其他业务成本	27 500		29 600	
税金及附加	167 590		189 600	
销售费用	756 420		793 551	
管理费用	1 479 586		1 633 851	
财务费用	83 028		96 738	
资产减值损失			7 739	
营业外支出	32 670		26 890	
所得税费用	997 323.5		739 550.5	

二、业务处理

根据12月份经济业务原始凭证，编制记账凭证，登记日记账及明细账。

中国工商银行　业务收费凭证

领用日期：2023年12月1日

领用单位	南京顺驰汽车科技有限公司		账号	4301011409100236682			
凭证名称	起始号码	讫止号码	单位	数量	单价	工本费	手续费	小计
现金支票	63225972	63225992	本	1	20.00	5.00	15.00	20.00

人民币（大写）：贰拾元整

小计　¥5.00　¥15.00　¥20.00

身份证号码：3 2 0 1 0 3 1 1 9 9 6 0 6 2 6 6 7 5 5

领用单位经领人签章：李梦旭

（中国工商银行南京鼓楼支行　2023.12.1　转讫）

电子发票（增值税专用发票）

发票号码：23322000000001317512
开票日期：2023年12月1日

购买方信息	名称：南京顺驰汽车科技有限公司 统一社会信用代码/纳税人识别号：9132011578383206X8	销售方信息	名称：中国工商银行股份有限公司南京鼓楼支行 统一社会信用代码/纳税人识别号：913201006340736115N

项目名称	规格型号	单位	数量	单价	金额	税率/征收率	税额
*金融服务*直接收费金融服务			1	18.8679245283	18.87	6%	1.13
合　计					¥18.87		¥1.13

价税合计（大写）：⊗贰拾元整　　（小写）¥20.00

备注：

开票人：党彩虹

业务 1：从银行领用空白现金支票,共 2 张原始凭证。

凭证 1-1　业务收费凭证

凭证 1-2　增值税专用发票

南京证券股份有限公司

客户名称：南京顺驰汽车科技有限公司　　　　　　　　　　　　日期：2023 年 12 月 1 日

603198	成交过户交割单	买
股东编号：896572 电脑编号：290656 公司编号：1029	成交证券：迎驾贡酒 成交数量：5 000 成交价格：16.00	
申请编号：4665 申报时间：14：28 成交时间：15：20	成交金额：80 000.00 标准佣金：120.00 过户费用：0.00	③通知联
上次余额：0（股） 本次成交：5 000（股） 本次余额：5 000（股） 本次库存：	印 花 税： 应收金额： 附加费用：	
实付金额：￥80 120.00		

业务 2：开出现金支票,从银行提取现金作为备用金,共 1 张原始凭证。

凭证 2　现金支票存根

业务 3：购入股票,期望在短期价格变化中获利,共 2 张原始凭证。

凭证 3-1　成交过户交割单

电子发票(增值税专用发票)

发票号码：23322000000001780507
开票日期：2023年12月1日

购买方信息	名称：南京顺驰汽车科技有限公司 统一社会信用代码/纳税人识别号：9132011578383206X8	销售方信息	名称：南京证券股份有限公司 统一社会信用代码/纳税人识别号：91320100134881536B

项目名称	规格型号	单位	数量	单价	金额	税率/征收率	税额
*金融服务*直接收费金融服务			1	113.2075471698	113.21	6%	6.79
合　　计					¥113.21		¥6.79
价税合计（大写）	⊗壹佰贰拾元整				（小写）¥120.00		
备注							

开票人：赵文泉

南京顺驰汽车科技有限公司

关于同意吸收投资人的决议

会议时间：2023年11月20日

会议地点：公司一号会议室

到会人员：全体股东，应到10人，实到10人

按照《中华人民共和国公司法》和公司章程的规定，南京顺驰汽车科技有限公司全体股东于2023年11月20日召开会议，经过充分讨论协商，一致通过以下决议：

1. 同意吸收江苏安特汽车制造有限公司230万元投资，用于支持产品技术研发投入。
2. 投资完成后，公司注册资本由800万元增加至1000万元。新股东于2023年12月1日以货币方式出资到公司，其他股东同意放弃增资认购权。
3. 增资完成后，各股东的持股比例确定如下：
   (1) 南京明达工业集团有限公司占注册资本的30%。
   (2) 南京宏宇商贸公司占注册资本的27.5%。
   (3) 江苏安特汽车制造有限公司占注册资本的20%。
   (4) 企业高层管理员章飞跃占注册资本的15%。
   (5) 企业高层管理员周正泉占注册资本的7.5%。
4. 增资完成10日内，举行全体股东会议修改公司章程，重组公司管理层。

南京顺驰汽车科技有限公司股东会
2023年11月20日

凭证 3-2　增值税专用发票

业务 4：收到新股东的投资款,共 2 张原始凭证。

凭证 4-1　股东会决议文件

中国工商银行 进账单(收账通知) 3

2023 年 12 月 1 日　　　　　第　号

出票人	全称	江苏安特汽车智造有限公司	收款人	全称	南京顺驰汽车科技有限公司
	账号	82131058970809135		账号	4301011409100236682
	开户银行	工商银行淮安淮北路支行		开户银行	工商银行南京鼓楼支行

金额	人民币（大写）	贰佰叁拾万元整	千 百 十 万 千 百 十 元 角 分
			￥ 2 3 0 0 0 0 0 0 0

| 票据种类 | 转账支票 | 票据张数 | 1 |
| 票据号码 | 28205389 | | |

中国工商银行 南京鼓楼支行 2023.12.1

复核　　　　记账　　　　　　　收款人开户银行签章

此联是收款人开户银行交给收款人的收账通知

中国工商银行 贷款(借款)凭证

日期：2023 年 12 月 1 日　　　银行编号：102301000331

收款单位	名称	南京顺驰汽车科技有限公司	放款单位	名称	工商银行南京鼓楼支行
	账号	4301011409100236682		账号	4301012205113729366
	开户银行	工商银行南京鼓楼支行		开户银行	工商银行南京分行

| 借款期限 | 6个月 | 月利率 | 0.50% | 起息日 | 2023 年 12 月 1 日 |

借款申请金额	肆拾万元整	亿 千 百 十 万 千 百 十 元 角 分
		￥ 4 0 0 0 0 0 0 0

| 借款原因及用途 | 补充流动资金 | 银行核定金额 | 肆拾万元整 |

备注	期限	计划还款日期	计划还款金额(本金)
		2024 年 6 月 1 日	肆拾万元整

上述借款已同意贷给并转入你单位开户银行账户，借款应按期归还。
借款单位：　　　　　　　　　　　（银行盖章）　2023 年 12 月 1 日

借款人债务凭证　入账回单

凭证 4-2　进账单

业务 5：为补充流动资金，向银行借款，共 1 张原始凭证。

凭证 5　贷款(借款)凭证

中国工商银行 银行汇票申请书(存根) 1 第 号

申请日期 2023年12月2日

申请人	南京顺驰汽车科技有限公司	收款人	苏州卓达商贸有限公司
账 号	4301011409100236682	账 号	1102026509000217085
用 途	支付采购款	代理付款行	工商银行南京鼓楼支行

汇票金额	人民币(大写)	贰拾陆万元整	千百十万千百十元角分 ¥260000000

备注：（南京顺驰汽车科技有限公司财务专用章）（章飞跃印）

申请人签章　　财务主管　　复核　　经办

此联申请人留存

报账(付款)审批单

2023年12月2日　　　　　　　　　　　　　附单据：2张

部 门	办公室	事 由	采购办公用品
项目名称	金额(元)	付款(结算)方式	备 注
管理费用	515.00	库存现金	
合 计	515.00		

总经理：章飞跃　　财务经理：乔国辉　　部门主管：张志坤　　申请人：张志坤

业务 6：提交银行汇票申请书，共 1 张原始凭证。

凭证 6　银行汇票申请书

业务 7：购买复印纸，并向管理部门和销售部门发放，共 3 张原始凭证。

凭证 7-1　报账(付款)审批单

电子发票（普通发票）

发票号码：23322000000005266890
开票日期：2023年12月2日

购买方信息	名称：南京顺驰汽车科技有限公司 统一社会信用代码/纳税人识别号：9132011578383206X8			销售方信息	名称：南京开欣办公用品有限公司 统一社会信用代码/纳税人识别号：9132010072117502820		
项目名称	规格型号	单位	数量	单价	金额	税率/征收率	税额
*纸制品*复印纸		盒	20	25.00	500.00	3%	15.00
合　　计					¥500.00		¥15.00
价税合计（大写）	⊗伍佰壹拾伍元整			（小写）¥515.00			
备注							

开票人：卞芸芸

办公用品领用单

2023 年 12 月 2 日

领用部门	物品名称	数　量	领用人
管理部门	复印纸	10 盒	赵艳来
销售部门	复印纸	10 盒	刘佳欣
合　计		20 盒	

财务经理：乔国辉　　　　记账：杨富春　　　　制单：石梦园

凭证 7-2 增值税普通发票

凭证 7-3 办公用品领用单

电子发票（增值税专用发票）

发票号码：23322000000003020001
开票日期：2023年12月3日

购买方信息	名称：南京顺驰汽车科技有限公司 统一社会信用代码/纳税人识别号：9132011578383206X8	销售方信息	名称：南京文成广告传媒有限公司 统一社会信用代码/纳税人识别号：913201053025894011

项目名称	规格型号	单位	数量	单价	金额	税率/征收率	税额
*广告服务*互联网广告发布			1	11320.7547169811	11320.75	6%	679.25
合 计					¥11 320.75		¥679.25

价税合计（大写）	⊗壹万贰仟元整	（小写）¥12000.00

备注	

开票人：倪虹

中国工商银行　网上银行电子回单

电子回单号码：0030-5566-7852-1100

付款人	户　名	南京顺驰汽车科技有限公司	收款人	户　名	南京文成广告传媒有限公司
	账　号	4301011409100236682		账　号	4301019109101101518
	开户银行	工商银行南京鼓楼支行		开户银行	建设银行南京大明路支行
	金　额	¥12 000.00		金额(大写)	人民币壹万贰仟元整
	摘　要			业务(产品)种类	跨行发报
	用　途	付广告服务费			
		41835470		时间戳	2023-12-03-10.29.40.811.563
		备注：			
		验证码：2erLtpzgpv91qH5o7Nwm6690RA2Jwv75H40＝			
	记账网点	00398	记账柜员	00020	记账日期	2023 年 12 月 3 日

打印日期：2023 年 12 月 3 日

业务 8：支付广告服务费,共 2 张原始凭证。

凭证 8-1　增值税专用发票

凭证 8-2　网上银行电子回单

购销协议书

甲方(出卖方)：南京顺驰汽车科技有限公司
乙方(买受方)：江苏新动智造汽车有限公司

　　根据国家相关的法律、法规，甲、乙双方本着平等自愿、互惠互利的原则，就乙方向甲方购买机动车配件事宜，双方经充分协商一致，签订本合同。

一、产品名称、数量及价格

产品名称	数量(只)	单价(元)	不含税总价(元)	税金(元)
机动车配件 A	9 000	20.00	180 000.00	23 400.00
机动车配件 C	4 000	18.00	72 000.00	9 360.00
合　计	13 000		252 000.00	32 760.00

金额(大写)：贰拾捌万肆仟柒佰陆拾元整

二、产品质量

　　甲方保证所提供产品质量符合国家相关生产标准，乙方在使用产品过程中，质量不符的产品由甲方负责调换，若不能调换，甲方予以退还。

三、合同价款及付款方式

　　1. 甲方在收到乙方提供的货款支付凭证后发货，如甲方不能按时供货，将按照货款总额的 20% 赔付乙方损失费用。

　　2. 货到 3 日内乙方验收产品，并通知甲方；逾期不通知的，视为质量合格。

四、合同效力

　　本合同一式两份，甲、乙双方各执一份，自双方授权代表签字盖章后生效。

甲方(盖章)　　　　　　　　　　　　乙方(盖章)
授权代表：钟国梦　　　　　　　　　授权代表：毕强胜
签字日期：2023.12.3　　　　　　　　签字日期：2023.12.3

业务 9：销售产品，收到银行承兑汇票，并发货，共 4 张原始凭证。

凭证 9-1　购销协议书

电子发票(增值税专用发票)

发票号码:23322000000001082339
开票日期:2023年12月3日

购买方信息	名称:江苏新动智造汽车有限公司 统一社会信用代码/纳税人识别号:91320102834911937W			销售方信息	名称:南京顺驰汽车科技有限公司 统一社会信用代码/纳税人识别号:9132011578383206X8		
项目名称	规格型号	单位	数量	单价	金额	税率/征收率	税额
*机动车零配件*配件A		只	9000	20.00	180000.00	13%	23400.00
*机动车零配件*配件C		只	4000	18.00	72000.00	13%	9360.00
合计					¥252 000.00		¥32 760.00
价税合计(大写)	⊗贰拾捌万肆仟柒佰陆拾元整			(小写)¥284760.00			
备注							

开票人:黄娟

银行承兑汇票 2 10300051
25843965

出票日期(大写) 贰零贰叁年壹拾贰月零叁日

出票人全称	江苏新动智造汽车有限公司	收款人	全称	南京顺驰汽车科技有限公司
出票人账号	430103672970216		账号	4301011409100236682
付款行全称	农业银行南京江北新区支行		开户银行	工商银行南京鼓楼支行
出票金额	人民币(大写) 贰拾捌万肆仟柒佰陆拾元整			¥284760.00
汇票到期日(大写)	贰零贰肆年零壹月零叁日	付款行	行号	103301012200
承兑协议编号			地址	南京市新华路255号
本汇票请你行承兑,到期无条件付款 出票人签章		本汇票已经承兑,到期日由本行付款。 承兑行盖章 承兑日期 2023年12月3日 备注	密押 复核 记账	

此联收款人开户行随托收凭证寄付款行作借方凭证附件

凭证 9-2 增值税专用发票

凭证 9-3 银行承兑汇票

注 意 事 项

一、收款人必须将本汇票和解讫通知同时交开户银行,两者缺一不可。
二、本汇票经背书可以转让。

被背书人:	被背书人:
背书人签章 日期　年 月 日	背书人签章 日期　年 月 日

产品出库单

2023 年 12 月 3 日　　　　　　凭证编号：CK1201

用途：销售　　　　　　　　　　仓库：产成品库

产品编号	名称及规格	计量单位	数量	单位成本	总成本	备注
01	配件 A	只	9 000			
03	配件 C	只	4 000			
	合　计					

供销主管：　　　保管员：贺宏光　　　记账：杨富春　　　制单：石梦园

②财务联

电子发票(增值税专用发票)

发票号码：23322000000004112290

开票日期：2023年12月4日

购买方信息	名称：南京顺驰汽车科技有限公司						
	统一社会信用代码/纳税人识别号：9132011578383206X8						
销售方信息	名称：苏州卓达商贸有限公司						
	统一社会信用代码/纳税人识别号：913205943388756020						

项目名称	规格型号	单 位	数 量	单 价	金 额	税率/征收率	税 额
*有色金属冶炼压延品*乙材料		千克	14000	16.00	224000.00	13%	29120.00
合　计					¥224 000.00		¥29 120.00
价税合计（大写）	⊗贰拾伍万叁仟壹佰贰拾元整			（小写）¥253120.00			

备注：

开票人：祝诗诗

凭证 9-4　产品出库单

业务 10：用银行汇票支付购买材料款，并收回多余款，共 3 张原始凭证。

凭证 10-1　增值税专用发票

电子发票（增值税专用发票）

发票号码：23322000330002029362
开票日期：2023年12月4日

货物运输服务

购买方信息	名称：南京顺驰汽车科技有限公司 统一社会信用代码/纳税人识别号：9132011578383206X8				销售方信息	名称：江苏顺达物流有限公司 统一社会信用代码/纳税人识别号：91320400321657763		
项目名称	规格型号	单位	数量	单价	金额	税率/征收率		税额
*陆路货物运输服务*公路运输		千克	14000	0.087	1218.00	9%		109.62
合 计					¥1218.00			¥109.62
价税合计（大写）	⊗壹仟叁佰贰拾柒元陆角贰分				（小写）¥1327.62			
备注								

开票人：郭倩

中国工商银行

银行汇票（多余款收账通知） 4 10300041
10392020

出票日期(大写)贰零贰叁年拾贰月零肆日   代理付款行：工商银行南京鼓楼支行 行号：102301000331

收款人：苏州卓达商贸有限公司   账号：1102026509000217085

出票金额 人民币(大写) 贰拾陆万元整

实际结算金额 人民币(大写) 贰拾伍万肆仟肆佰肆拾柒元陆角贰分   亿千百十万千百十元角分 ¥254447 62

申请人：南京顺驰汽车科技有限公司   账号：4301011409100236682

出票行：工商银行南京鼓楼支行

行号：102301000331

密押：

多余金额   左列退回多余金额已收入你账户内

千百十万千百十元角分   ¥5552 38

复核   记账

中国工商银行
南京鼓楼支行
2023.12.4
转讫

备注：凭票付款
出票行签章

提示付款期限自出票之日起壹个月

此联出票行结清多余款后交申请人

凭证 10-2　增值税专用发票

凭证 10-3　银行汇票(多余款收账通知)

南京顺驰汽车科技有限公司

关于转销无法支付前欠
徐州荣盛合金材料有限公司货款的请示

公司领导：

　　本公司应付徐州荣盛合金材料有限公司货款 12 000 元（人民币壹万贰仟元整），因该公司已经破产倒闭，无法正常支付。根据有关财务制度的规定，申请将该应付账款转作营业外收入，请批准予以核销。

财务部

2023 年 12 月 4 日

经研究决定，同意财务部意见。

票据签收单

　　今收到<u>南京顺驰汽车科技有限公司</u>背书转让的银行承兑汇票（签发单位：<u>江苏新动智造汽车有限公司</u>　票号：<u>25843965</u>）壹张。出票金额（人写）：<u>人民币贰拾捌万肆仟柒佰陆拾元整</u>（￥<u>284 760.00</u>），抵付前欠材料款。

苏州卓达商贸有限公司

领收人：汪佳嘉

日　期：2023 年 12 月 4 日

业务 11：经批准,核销应付账款,共 1 张原始凭证。

凭证 11 请示文件

业务 12：背书转让银行承兑汇票,共 2 张原始凭证。

凭证 12-1 票据签收单

注意事项

一、收款人必须将本汇票和解讫通知同时交开户银行，两者缺一不可。

二、本汇票经背书可以转让。

被背书人：苏州卓达商贸有限公司	被背书人：
背书人签章 日期 2023 年 12 月 4 日	背书人签章 日期　　年　月　日

收 料 单

供应单位：苏州卓达商贸有限公司　　　　　　　　　　　　　　　　　收料单号码：SL1201
发票号码：39420636　　　　　　2023 年 12 月 5 日　　　　　　　收料仓库：原料库

材料编号	名称及规格	计量单位	数量		实际成本		备注
			应收	实收	单价	金额	
	乙材料	千克	14 000	14 000	16.087	225 218.00	
	合　　计		14 000	14 000		225 218.00	

供销主管：　　　　　保管员：胡育康　　　　　记账：杨富春　　　　　制单：芮晶晶

② 财务联

凭证 12-2　背书事项

业务 13：本月采购的材料,本月入库,共 1 张原始凭证。

凭证 13　收料单

中国工商银行
现金支票存根
10203210
63225972

附加信息
付款银行账号：
4301011409100236682

出票日期 2023 年 12 月 5 日

收款人：	南京顺驰汽车科技有限公司
金　额：	￥7 000.00
用　途：	备用金

单位主管　　　会计 杨富春

电子发票(增值税专用发票)

发票号码：23322000000005202776
开票日期：2023年12月5日

成品油

购买方信息	名称：南京顺驰汽车科技有限公司 统一社会信用代码/纳税人识别号：9132011578383206X8	销售方信息	名称：常州精炼石化有限公司 统一社会信用代码/纳税人识别号：913204127180585682

项目名称	规格型号	单位	数量	单价	金额	税率/征收率	税额
*石油制品*成品油A		千克	2100	6.50	13650.00	13%	1774.50
合　计					￥13 650.00		￥1 774.50
价税合计（大写）	⊗壹万伍仟肆佰贰拾肆元伍角整				（小写）￥15424.50		
备注							

开票人：蔡建滔

业务 14：开出现金支票,从银行提取现金作为备用金,共 1 张原始凭证。

凭证 14　现金支票存根

业务 15：采购材料入库,款未付,共 2 张原始凭证。

凭证 15-1　增值税专用发票

收 料 单

供应单位：常州精炼石化有限公司
发票号码：30779252

2023 年 12 月 5 日

收料单号码：SL1202
收料仓库：原料库

材料编号	名称及规格	计量单位	数量 应收	数量 实收	实际成本 单价	实际成本 金额	备注
	成品油 A	千克	2 100	2 100	6.50	13 650.00	
	合　计						

② 财务联

供销主管：　　　　　保管员：胡育康　　　　　记账：杨富春　　　　　制单：芮晶晶

------✂------

借 款 单(记账)

2023 年 12 月 5 日

借款部门	销售部门	借款人	刘佳欣	事　由	出差北京参加行业展会
借款金额	人民币(大写)伍仟元整		(小写)5 000.00		
部门负责人意见	同意	现金付讫 借款人签字		刘佳欣	注意事项： 1. 凡需借用公款必须填写本单据； 2. 办妥借款事务后，应当在十日内完成结算。
会计负责人审批： 同意借款 邱兆明		付款方式： 库存现金		出纳： 李梦旭	

凭证 15-2　收料单

业务 16：销售人员预借差旅费,共 1 张原始凭证。
凭证 16　借款单

收 料 单

供应单位：南京美林合金材料有限公司
发票号码：84367852
2023 年 12 月 5 日
收料单号码：SL1203
收料仓库：原料库

材料编号	名称及规格	计量单位	数量		实际成本		备注
			应收	实收	单价	金额	
	甲材料	千克	1 000	1 000	13.00	13 000.00	该入库材料为上月采购
	合　计						

供销主管： 　　　保管员：胡育康　　　记账：杨富春　　　制单：芮晶晶

②财务联

发票号码：23322001102305800200
开票日期：2023年12月6日

购买方信息	名称：南京顺驰汽车科技有限公司 统一社会信用代码/纳税人识别号：9132011578383206X8	销售方信息	名称：江苏盈科能源有限公司 统一社会信用代码/纳税人识别号：913204215502226955

项目名称	规格型号	单位	数量	单价	金额	税率/征收率	税额
*石油制品*成品油B		千克	5800	4.50	26100.00	13%	3393.00
合　计					¥26 100.00		¥3 393.00
价税合计（大写）	⊗贰万玖仟肆佰玖拾叁元整				（小写）¥29493.00		
备注							

开票人：毛羽峰

业务 17：上月采购的材料,本月入库,共 1 张原始凭证。

凭证 17 收料单

业务 18：购买材料并验收入库,款已付,共 3 张原始凭证。

凭证 18-1 增值税专用发票

中国工商银行　网上银行电子回单

电子回单号码：0040-4298-2653-1100

付款人	户　名	南京顺驰汽车科技有限公司	收款人	户　名	江苏盈科能源有限公司
	账　号	4301011409100236682		账　号	1105020502076018818
	开户银行	工商银行南京鼓楼支行		开户银行	工商银行常州武进支行
	金额	¥29 493.00		金额（大写）	人民币 贰万玖仟肆佰玖拾叁元整
	摘要			业务（产品）种类	汇划发报
	用途	付成品油B采购货款			
	交易流水号	42783562		时间戳	2023-12-06-14.53.35.610.722
	备注				
	验证码：3ecvMtuzRWv87Xyaqt8o7J0KN83G				
记账网点	00515	记账柜员	00031	记账日期	2023年12月6日

（中国工商银行 电子回单专用章）

打印日期：2023年12月6日

收　料　单

供应单位：江苏盈科能源有限公司　　　　　2023年12月6日　　　　　收料单号码：SL1204
发票号码：73024899　　　　　　　　　　　　　　　　　　　　　　　收料仓库：原料库

材料编号	名称及规格	计量单位	数　量		实际成本		备注
			应收	实收	单价	金额	
	成品油B	千克	5 800	5 800	4.50	26 100.00	
	合　　计						

②财务联

供销主管：　　　　保管员：胡育康　　　　记账：杨富春　　　　制单：芮晶晶

凭证 18-2　网上银行电子回单

凭证 18-3　收料单

南京证券股份有限公司

客户名称：南京顺驰汽车科技有限公司　　　　　　　　　　日期：2023 年 12 月 7 日

600999	成交过户交割单	卖
股东编号：896505 电脑编号：290428 公司编号：1377	成交证券：迎驾贡酒 成交数量：5 000（股） 成交价格：19.10	③通知联
申请编号：6982 申报时间：10：15 成交时间：10：33	成交金额：95 500.00 标准佣金：143.25 过户费用：	
上次余额：5 000（股） 本次成交：5 000（股） 本次余额：0（股） 本次库存：	印 花 税：95.50 应收金额： 附加费用：	
实收金额：￥95 261.25		

（南京证券软件大道证券营业部业务专用章）

电子发票（增值税专用发票）

发票号码：23322000000001023500　
开票日期：2023年12月7日

购买方信息	名称：南京顺驰汽车科技有限公司 统一社会信用代码/纳税人识别号：9132011578383206X8	销售方信息	名称：南京证券股份有限公司 统一社会信用代码/纳税人识别号：91320100134881536B

项目名称	规格型号	单位	数量	单价	金额	税率/征收率	税额
*金融服务*直接收费金融服务			1	135.1415094340	135.14	6%	8.11
合　　计					￥135.14		￥8.11
价税合计（大写）	⊗壹佰肆拾叁元贰角伍分				（小写）￥143.25		
备注							

开票人：赵文泉

业务 19：出售股票,共 2 张原始凭证。

凭证 19-1　成交过户交割单

凭证 19-2　增值税专用发票

购销协议书

甲方(出卖方)：南京顺驰汽车科技有限公司
乙方(买受方)：常州德佳精密制造有限公司

  根据国家相关法律、法规，甲、乙双方本着平等自愿、互惠互利的原则，就乙方向甲方购买配件事宜，双方经充分协商一致，签订本合同。

一、产品名称、数量及价格

产品名称	数量(只)	单价(元)	不含税总价(元)	税金(元)
配件 B	4 800	22.00	105 600.00	13 728.00
配件 C	9 000	18.00	162 000.00	21 060.00
合 计	13 800		267 600.00	34 788.00
金额(大写)：叁拾万贰仟叁佰捌拾捌元整				

二、产品质量

  甲方保证所提供产品质量符合国家相关生产标准，乙方在使用产品过程中，质量不符的产品由甲方负责调换，若不能调换，甲方予以退还。

三、合同价款及付款方式

  1. 甲方在收到乙方预付款总额的 80%（￥241 910.40）5 日内发货，如甲方不能如期供货，将按照货款总额的 20% 赔付乙方损失费用。

  2. 货到 3 日内乙方付清尾款，每延迟一日承担尾款总额的 1‰ 违约金。

四、合同效力

  本合同一式两份，甲、乙双方各执一份，自双方授权代表签字盖章后生效。

甲方(盖章)　　　　　　　　　　乙方(盖章)
授权代表：钟国梦　　　　　　　授权代表：郝闻明
签字日期：2023.12.6　　　　　　签字日期：2023.12.6

业务 20：预收销货款,共 2 张原始凭证。

凭证 20-1　购销协议书

中国工商银行　网上银行电子回单

电子回单号码：0036-3211-9030-1100

付款人	户　名	常州德佳精密制造有限公司	收款人	户　名	南京顺驰汽车科技有限公司
	账　号	1105020372452232193		账　号	4301011409100236682
	开户银行	工商银行常州武进支行		开户银行	工商银行南京鼓楼支行
金额		¥241 910.4	金额（大写）		人民币贰拾肆万壹仟玖佰壹拾元肆角整
摘要			业务（产品）种类		汇划收报
用途		发货预付款			
交易流水号		93480759	时间戳		2023-12-07-16.09.21.490.321
	备注：				
	验证码：3hsnMTPucqD80XYZ2H1w8G8CSI99＝				
记账网点		00655	记账柜员	00024	记账日期　2023年12月7日

打印日期：2023年12月7日

中国工商银行　网上银行电子回单

电子回单号码：0020-3107-0335-1100

付款人	户　名	南京顺驰汽车科技有限公司	收款人	户　名	常州精炼石化有限公司
	账　号	4301011409100236682		账　号	1102064676632093573
	开户银行	工商银行南京鼓楼支行		开户银行	工商银行常州河海支行
金额		¥15 424.50	金额（大写）		人民币壹万伍仟肆佰贰拾肆元伍角整
摘要			业务（产品）种类		汇划发报
用途		偿还前欠货款			
交易流水号		20053540	时间戳		2023-12-07-19.03.22.441.300
	备注：				
	验证码：3ZZ02uw75MntPo3Lo70ya83RWG5＝				
记账网点		00222	记账柜员	00011	记账日期　2023年12月7日

打印日期：2023年12月7日

凭证 20-2　网上银行电子回单

业务 21：偿还前欠货款,共 1 张原始凭证。

凭证 21　网上银行电子回单

开具红字增值税专用发票申请单   NO.

销售方	名 称	南京顺驰汽车科技有限公司	购买方	名 称	江苏巧力传动机械有限公司
	纳税人识别号	9132011578383206X8		纳税人识别号	91320102834911937W

开具红字专用发票内容	货物(劳务)名称	单价	数量	金 额	税 额
	配件C	18	400	￥7 200.00	￥936.00
	合 计			￥7 200.00	￥936.00

说明	对应蓝字专用发票抵扣增值税销项税额情况： 已抵扣□ 未抵扣☑ 纳税人识别号认证不符□ 专用发票代码、号码认证不符□ 对应蓝字专用发票密码区内打印的代码： 　　　　　　　　　　　　　　号码： 开具红字专用发票理由：上月销售产品因质量问题退回。

申明：我单位提供的申请单内容真实，否则将承担相关法律责任。
购买方经办人：　　　　　　　购买方名称(印章)：

　　　　　　　　　　　　　　　　　　　　　　　　　　　年　月　日

注：本申请单一式两联。第一联：购买方留存；第二联：购买方主管机关留存。

电子发票(增值税专用发票)

发票号码：23322000011001050116
开票日期：2023年12月8日

购买方信息	名称：江苏巧力传动机械有限公司 统一社会信用代码/纳税人识别号：91320102834911937W	销售方信息	名称：南京顺驰汽车科技有限公司 统一社会信用代码/纳税人识别号：9132011578383206X8

项目名称	规格型号	单位	数量	单价	金额	税率/征收率	税额
*机动车零配件*配件C		只	-400	18.00	-7200.00	13%	-936.00
合 计					￥-7 200.00		￥-936.00
价税合计(大写)	⊗(负数)捌仟壹佰叁拾陆元整				(小写)￥-8136.00		
备注							

开票人：黄娟

业务 22： 上月销售产品因质量问题退回，共 4 张原始凭证。

凭证 22-1　开具红字增值税专用发票申请单

凭证 22-2　红字增值税专用发票

中国工商银行　网上银行电子回单

电子回单号码：0019-6920-8998-1100

付款人	户名	南京顺驰汽车科技有限公司	收款人	户名	江苏巧力传动机械有限公司
	账号	4301011409100236682		账号	1103030709100007496
	开户银行	工商银行南京鼓楼支行		开户银行	工商银行无锡太湖支行
金额		￥8 136.00	金额(大写)		人民币捌仟壹佰叁拾陆元整
摘要			业务(产品)种类		汇划发报
用途		退货款			
交易流水号		52568211	时间戳		2023-12-08-16.33.49.320.429
备注：					
验证码：79qpJtuz9cC57P22NtDo9B0YA66F＝					
记账网点	00210	记账柜员	00012	记账日期	2023 年 12 月 8 日

打印日期：2023 年 12 月 8 日

（中国工商银行电子回单专用章）

产品入库单

2023 年 12 月 8 日

交库部门：销售部门　　　　　　　　　　　　　　　　凭证编号：RK1201
　　　　　　　　　　　　　　　　　　　　　　　　　仓库：产成品库

产品编号	名称及规格	计量单位	数量	单位成本	总成本	备注
03	配件 C	只	400			销售退货
合计						

供销主管：　　　　保管员：贺宏光　　　　记账：杨富春　　　　制单：石梦圆

② 财务联

凭证 22-3 网上银行电子回单

凭证 22-4 产品入库单

电子发票(增值税专用发票)

发票号码：23322000260001020523
开票日期：2023年12月9日

购买方信息	名称：南京顺驰汽车科技有限公司 统一社会信用代码/纳税人识别号：9132011578383206X8	销售方信息	名称：南京安盾建筑工程有限公司 统一社会信用代码/纳税人识别号：913201165804993966

项目名称	规格型号	单位	数量	单价	金额	税率/征收率	税额
*建筑服务*仓库工程			1		150000.00	9%	13500.00
合　计					¥150 000.00		¥13 500.00
价税合计（大写）	⊗壹拾陆万叁仟伍佰元整				（小写）¥163500.00		
备注							

开票人：孙文雯

中国工商银行 托收凭证（付款通知） 5

委托日期：2023年12月9日　　　付款期限：2023年12月9日

业务类型	委托收款（□邮划　□电划）　托收承付（□邮划　□电划）						
付款人	全称	南京顺驰汽车科技有限公司		收款人	全称	南京安盾建筑工程有限公司	
	账号	4301011409100236682			账号	4301010919100230770	
	地址	江苏省南京 市县	开户行 工行鼓楼支行		地址	江苏省南京 市县	开户行 工行宁南支行
金额	人民币（大写）	壹拾陆万叁仟伍佰元整				千百十万千百十元角分 ¥ 1 6 3 5 0 0 0 0	
款项内容	仓库工程款	托收凭证名称	发票	附寄单证张数	1		
商品发货情况				合同名称号码			
备注： 复核　记账	付款人开户银行签章 2023年12月9日			付款人注意： 1. 根据支付结算办法，上列委托收款（托收承付）款项在付款期限内未提出拒付，即视为同意付款，以此代付款通知。 2. 如需提出全部或部分拒付，应在规定期限内，将拒付理由书并附债务证明退交开户银行。			

业务 23：支付仓库工程款,共 2 张原始凭证。

凭证 23-1　增值税专用发票

凭证 23-2　托收凭证

电子发票（增值税专用发票）

发票号码：23322000368271382001
开票日期：2023年12月9日

购买方信息	名称：常州德佳精密制造有限公司 统一社会信用代码/纳税人识别号：913204125558194660			销售方信息	名称：南京顺驰汽车科技有限公司 统一社会信用代码/纳税人识别号：9132011578383206X8			
项目名称	规格型号	单位	数量	单价	金额		税率/征收率	税额
*机动车零配件*配件B		只	4800	22.00	105600.00		13%	13728.00
*机动车零配件*配件C		只	9000	18.00	162000.00		13%	21060.00
合计					¥267 600.00			¥34 788.00
价税合计（大写）	⊗叁拾万零贰仟叁佰捌拾捌元整				（小写）¥302388.00			
备注								

开票人：黄娟

产品出库单

2023 年 12 月 9 日　　　　　　　　　　　　凭证编号：CK1202

用途：销售　　　　　　　　　　　　　　　仓库：产成品库

产品编号	名称及规格	计量单位	数量	单位成本	总成本	备注
02	配件 B	只	4 800			
03	配件 C	只	9 000			
合　计						

供销主管：　　　保管员：贺宏光　　　记账：杨富春　　　制单：石梦园

② 财务联

业务 24：发出商品，共 2 张原始凭证。

凭证 24-1　增值税专用发票

凭证 24-2　产品出库单

中国工商银行　网上银行电子回单

电子回单号码：0025-3623-3900-1100

付款人	户　名	南京顺驰汽车科技有限公司	收款人	户　名	南京市红十字会
	账　号	4301011409100236682		账　号	532100256965022825
	开户银行	工商银行南京鼓楼支行		开户银行	江苏银行南京新街口支行
金　额		¥4 000.00	金额(大写)		人民币肆仟元整
摘　要			业务(产品)种类		跨行发报
用　途		定向捐赠款			
交易流水号		70056356	时间戳		2023-12-09-8.30.20.330.793
备注：					
验证码：33KRCctvD99A62O76WBA0ZoostrEEtcan					
记账网点		00222	记账柜员	00013	记账日期　2023年12月9日

打印日期：2023年12月9日

公益事业捐赠统一票据（电子）
UNIFIED INVOICE DONATION FOR PUBLIC WEIFARE

票据代码：320501322　　　　　　　　　　　　　　　　票据号码：00100348
交款人统一社会信用代码：9132011578383206X8　　　　校验码：608015
交款人(Donor)：南京顺驰汽车科技有限公司　　　　　　开票日期：2023-12-9

项目编码 Code	项目名称 For Purpose	单位 Unit	数量 Amount	标准 Standards	金额(元) Total amount	备注
950632	定向捐赠款	元			4000.00	

金额合计（大写）In Words　肆仟元整　　　　　　　（小写）In Figures ¥4000.00

其他信息：
- 实物种类(Material Objects)：
- 外币种类(Currency)：
- 备注(Remark)：

收款单位（章）(Receiver's Seal)：　　　复核人(Verified by)：董亮　　收款人(Handing Person)：周芳

业务 25： 通过红十字会进行捐款，共 2 张原始凭证。

凭证 25-1 网上银行电子回单

凭证 25-2 公益事业捐赠统一票据

中国工商银行　网上银行电子回单

电子回单号码：0035-4891-5036-1100

付款人	户　名	常州德佳精密制造有限公司	收款人	户　名	南京顺驰汽车科技有限公司
	账　号	1105020372452232193		账　号	4301011409100236682
	开户银行	工商银行常州武进支行		开户银行	工商银行南京鼓楼支行
金　额		¥60 477.6	金额（大写）		人民币陆万零肆佰柒拾柒元陆角整
摘　要		货物采购尾款	业务（产品）种类		汇划收报
用　途					
交易流水号		13552458	时间戳		2023-12-10-17.00.11.568.167
备　注					
		验证码：EZsenUTPubLM65RTv0rktv8Lssi=			
记账网点		00300	记账柜员	00012	记账日期　2023 年 12 月 10 日

打印日期：2023 年 12 月 10 日

报账（付款）审批单

2023 年 12 月 10 日　　　　　　　　　　　　　　　　　　　　　　　附单据：

部　门	财务部	事　由	发放工资
项目名称	金额（元）	付款（结算方式）	备　注
应付职工薪酬	462 834.00	银行转账	上月实发工资总额为 462 834.00 元，直接转入职工个人银行卡。
合　计	¥462 834.00		
金额（大写）	人民币肆拾陆万贰仟捌佰叁拾肆元整		

单位负责人：章飞跃　　　财务主管：邱兆明　　　部门主管：　　　　　制单：程倩倩

业务 26：收到货物采购尾款，共 1 张原始凭证。

凭证 26-1 网上银行电子回单

业务 27：发放上月职工工资，共 3 张原始凭证。

凭证 27-1 报账(付款)审批单

职工工资发放汇总表

2023 年 12 月 10 日

部门	项目	应付工资	代扣款项					实发工资
			个人所得税	养老保险	失业保险	医疗保险	住房公积金	
热处理车间	生产工人	167 000.00	835.00	13 360.00	835.00	3 340.00	13 360.00	135 270.00
	管理人员	12 000.00	60.00	960.00	60.00	240.00	960.00	9 720.00
冷加工车间	生产工人	214 000.00	1 070.00	17 120.00	1 070.00	4 280.00	17 120.00	173 340.00
	管理人员	14 500.00	72.50	1 160.00	72.50	290.00	1 160.00	11 745.00
机修车间		27 300.00	136.50	2 184.00	136.50	546.00	2 184.00	22 113.00
车队		29 600.00	148.00	2 368.00	148.00	592.00	2 368.00	23 976.00
销售部门		42 100.00	210.50	3 368.00	210.50	842.00	3 368.00	34 101.00
管理部门		64 900.00	324.50	5 192.00	324.50	1 298.00	5 192.00	52 569.00
合计		571 400.00	2 857.00	45 712.00	2 857.00	11 428.00	45 712.00	462 834.00

ICBC 中国工商银行　电子转账凭证

币种：人民币　　委托日期：2023 年 12 月 10 日　　凭证编号：00255626

付款人	全称	南京顺驰汽车科技有限公司	收款人	全称	批量代付
	账号	4301011409100236682		账号	
	地址	南京市江宁区华商路8号		地址	江苏南京市
	汇出行名称	工商银行南京鼓楼支行		汇入行名称	工商银行南京鼓楼支行

金额　人民币（大写）：肆拾陆万贰仟捌佰叁拾肆元整　　￥462 834.00

附加信息及用途：职工工资

中国工商银行 南京鼓楼支行 2023.12.10 转讫 银行盖章

根据中国工商银行南京顺驰汽车科技公司客户 121059 号电子命令，上述款项已由本行支付。

客户经办人：1621　　复核：　　记账：

第一联　客户回单

凭证 27-2　职工工资发放汇总表

凭证 27-3　电子转账凭证

中国工商银行　电子缴税付款凭证

转账日期：20231210　　凭证字号：14121078

纳税人全称及纳税人识别号：南京顺驰汽车科技有限公司 9132011578383206X8
付款人全称：南京顺驰汽车科技有限公司
付款人账号：4301011409100236682
付款人开户银行：工商银行南京鼓楼支行
征收机关名称：国家税务总局南京市江宁区税务局
收款国库（银行）名称：国家金库南京市中心支库
小写（合计）金额：￥160 000.00
缴款书交易流水号：91013586
大写（合计）金额：人民币壹拾陆万元整
税票号码：1252020198523765

税种名称	所属时间	实缴金额
增值税	20231101-20231130	￥160 000.00

（中国工商银行南京鼓楼支行　2023.12.10　转讫）

第二联　　作付款回单（无银行收讫章无效）　　复核（略）　　记账（略）

中国工商银行　电子缴税付款凭证

转账日期：20231210　　凭证字号：14121079

纳税人全称及纳税人识别号：南京顺驰汽车科技有限公司 9132011578383206X8
付款人全称：南京顺驰汽车科技有限公司
付款人账号：4301011409100236682
付款人开户银行：工商银行南京鼓楼支行
征收机关名称：国家税务总局南京市江宁区税务局
收款国库（银行）名称：国家金库南京市中心支库
小写（合计）金额：￥18 123.94
缴款书交易流水号：91013586
大写（合计）金额：人民币壹万捌仟壹佰贰拾叁元玖角肆分
税票号码：1252020198523766

税种名称	所属时间	实缴金额
城市维护建设税	20231101—20231130	￥11 200.00
教育费附加	20231101—20231130	￥4 800.00
地方教育附加	20231101—20231130	￥1 600.00
印花税	20231101—20231130	￥523.94

（中国工商银行南京鼓楼支行　2023.12.10　转讫）

第二联　　作付款回单（无银行收讫章无效）　　复核（略）　　记账（略）

业务 28：支付上月各项税费，共 5 张原始凭证。

凭证 28-1　电子缴税付款凭证

凭证 28-2　电子缴税付款凭证

中国工商银行　电子缴税付款凭证

转账日期：20231210	凭证字号：14121080

纳税人全称及纳税人识别号：南京顺驰汽车科技有限公司 9132011578383206X8
付款人全称：南京顺驰汽车科技有限公司
付款人账号：4301011409100236682　　　征收机关名称：国家税务总局南京市江宁区税务局
付款人开户银行：工商银行南京鼓楼支行　　收款国库(银行)名称：国家金库南京市中心支库
小写(合计)金额：￥2 857.00　　　　　　缴款书交易流水号：91013586
大写(合计)金额：人民币贰仟捌佰伍拾柒元整　税票号码：1252020198523767

税种名称	所属时间	实缴金额
个人所得税	20231101—20231130	￥2 857.00

第二联　　　作付款回单(无银行收讫章无效)　　　复核(略)　　　记账(略)

中国工商银行　电子缴税付款凭证

转账日期：20231210	凭证字号：14121459

纳税人全称及纳税人识别号：南京顺驰汽车科技有限公司 9132011578383206X8
付款人全称：南京顺驰汽车科技有限公司
付款人账号：4301011409100236682　　　征收机关名称：国家税务总局南京市江宁区税务局
付款人开户银行：工商银行南京鼓楼支行　　收款国库(银行)名称：国家金库南京市中心支库
小写(合计)金额：￥13 594.00　　　　　缴款书交易流水号：91013586
大写(合计)金额：人民币壹万叁仟伍佰玖拾肆元整　税票号码：1252020198523765

税(费)种名称	所属时间	实缴金额
工会经费	20231101—20231130	￥13 594.00

第二联　　　作付款回单(无银行收讫章无效)　　　复核(略)　　　记账(略)

凭证 28-3　电子缴税付款凭证

凭证 28-4　电子缴税付款凭证

中国工商银行 电子缴税付款凭证

转账日期：20231210　　　　　　　　　　　　　　　　凭证字号：14121460

纳税人全称及纳税人识别号：南京顺驰汽车科技有限公司 9132011578383206X8
付款人全称：南京顺驰汽车科技有限公司
付款人账号：4301011409100236682　　　　　征收机关名称：国家税务总局南京市江宁区税务局
付款人开户银行：工商银行南京鼓楼支行　　　收款国库(银行)名称：国家金库南京市中心支库
小写(合计)金额：￥234 274.00　　　　　　　缴款书交易流水号：91013586
大写(合计)金额：人民币贰拾叁万肆仟贰佰柒拾肆元整　　税票号码：1252020198523766

税(费)种名称	所属时间	实缴金额
养老保险本金	20231101—20231130	￥154 278.00
医疗保险本金	20231101—20231130	￥62 854.00
失业保险本金	20231101—20231130	￥5 714.00
工伤保险本金	20231101—20231130	￥5 714.00
生育保险本金	20231101—20231130	￥5 714.00

第二联　　　作付款回单(无银行收讫章无效)　　　复核(略)　　　记账(略)

（盖章：中国工商银行南京鼓楼支行 2023.12.10 转讫）

电子发票（增值税专用发票）

发票号码：23312000045021300537
开票日期：2023年12月10日

购买方信息	名称：南京顺驰汽车科技有限公司 统一社会信用代码/纳税人识别号：9132011578383206X8	销售方信息	名称：上海国家会计学院 统一社会信用代码/纳税人识别号：12100000717800718J

项目名称	规格型号	单位	数量	单价	金额	税率/征收率	税额
*非学历教育服务*业务培训			1		2400.00	6%	144.00
合　计					￥2 400.00		￥144.00

价税合计(大写)　⊗贰仟伍佰肆拾肆元整　　　(小写) ￥2544.00

备注：

开票人：肖君

凭证 28-5　电子缴税付款凭证

业务 29：报销职工教育经费，共 2 张原始凭证。

凭证 29-1　增值税专用发票

中国工商银行　网上银行电子回单

电子回单号码：0035-5033-2012-1100

付款人	户 名	南京顺驰汽车科技有限公司	收款人	户 名	上海国家会计学院
	账 号	4301011409100236682		账 号	310019843000559768088
	开户银行	工商银行南京鼓楼支行		开户银行	建设银行上海徐泾支行
金 额		¥2 544.00	金额(大写)		人民币贰仟伍佰肆拾肆元整
摘 要			业务(产品)种类		跨行发报
用 途		支付业务培训费			
交易流水号		30063351	时间戳		2023-12-10-17.50.30.168.211
备 注					
验证码：Pu20bv58LE99Z0sen2UTLM65RTv0rktssi=					
记账网点	00212	记账柜员	00009	记账日期	2023 年 12 月 10 日

（中国工商银行 电子回单专用章）

打印日期：2023 年 12 月 10 日

单位职工生日礼金发放签字表(12 月份)

制单部门：办公室　　　　　　　　　　　　　　　　　　　　　日期：2023 年 12 月 10 日

序号	部 门	姓 名	金 额	签 字	领取日期
1	销售部门	钟国梦	200.00	钟国梦	2023.12.10
2	销售部门	刘佳欣	200.00	刘佳欣	2023.12.10
3	管理部门	赵艳来	200.00	赵艳来	2023.12.10
4	热处理车间	杨国伟	200.00	杨国伟	2023.12.10
5	冷加工车间	盛华为	200.00	盛华为	2023.12.10
6	机修车间	郭复兴	200.00	郭复兴	2023.12.10
合计		现金付讫	1 200.00		

凭证 29-2 网上银行电子回单

业务 30：向职工发放生日礼金，共 1 张原始凭证。
凭证 30：单位职工生日礼金发放签字表

电子发票(增值税专用发票)

发票号码：23322000030021902132
开票日期：2023年12月10日

购买方信息	名称：南京顺驰汽车科技有限公司 统一社会信用代码/纳税人识别号：9132011578383206X8	销售方信息	名称：南京苏宁环球商贸有限公司 统一社会信用代码/纳税人识别号：913201067673706839

项目名称	规格型号	单位	数量	单价	金额	税率/征收率	税额
*特种服装*防护服		套	100	120.00	12000.00	13%	1560.00
合计					¥12 000.00		¥1 560.00

价税合计（大写）	⊗壹万叁仟伍佰陆拾元整	（小写）¥13560.00

备注：

开票人：彭欣华

中国工商银行　网上银行电子回单

电子回单号码：0019-1533-0387-1100

付款人	户　名	南京顺驰汽车科技有限公司	收款人	户　名	南京苏宁环球商贸有限公司
	账　号	4301011409100236682		账　号	4301032637253964530
	开户银行	工商银行南京鼓楼支行		开户银行	工商银行南京鼓楼支行
金　额	¥13 560.00		金额（大写）	人民币壹万叁仟伍佰陆拾元整	
摘　要			业务(产品)种类	汇划发报	
用　途	购买防护服				
交易流水号	92820220		时间戳	2023-12-10-12.59.10.120.618	
备注：					
验证码：Qq67Mna7Du803WT90Itg3ys0YOSony2					
记账网点	00117	记账柜员	00221	记账日期	2023年12月10日

打印日期：2023年12月10日

业务 31：购买防护服，共 3 张原始凭证。

凭证 31-1　增值税专用发票

凭证 31-2　网上银行电子回单

收 料 单

供应单位：南京苏宁环球商贸有限公司　　　　　　　　　　收料单号码：SL1205
发票号码：40239856　　　　　　2023年12月10日　　　　收料仓库：周转材料库

| 材料编号 | 名称及规格 | 计量单位 | 数量 | | 实际成本 | | 备注 |
			应收	实收	单价	金额	
	防护服	套	100	100	120.00	12 000.00	
	合　计		100	100		12 000.00	

供销主管：　　　　　　保管员：胡育康　　　　记账：杨富春　　　　制单：芮晶晶

②财务联

ICBC 中国工商银行　　凭证费、手续费、邮电费收费凭证

单位名称	南京顺驰汽车科技有限公司			账　号	4301011409100236682	
凭证名称	数量	单价	凭证费	手续费	邮电费	合　计
银行承兑汇票				￥110.00		￥110.00
					中国工商银行 南京鼓楼支行 2023.12.11 转讫	
合　计				￥110.00		￥110.00
合计人民币 （大写）	壹佰壹拾元整					

中国工商银行（盖章）

凭证 31-3　收料单

业务 32：支付银行承兑汇票承兑手续费,共 2 张原始凭证。

凭证 32-1　收费凭证

电子发票（增值税专用发票）

发票号码：23322000090101310511
开票日期：2023年12月11日

购买方信息	名称：南京顺驰汽车科技有限公司 统一社会信用代码/纳税人识别号：9132011578383206X8			销售方信息	名称：中国工商银行股份有限公司南京鼓楼支行 统一社会信用代码/纳税人识别号：91320100634073615N			
项目名称	规格型号	单位	数量	单价	金额	税率/征收率	税额	
*金融服务*直接收费金融服务			1		103.77	6%	6.23	
合 计					¥103.77		¥6.23	
价税合计（大写）	⊗壹佰壹拾元整				（小写）¥110.00			
备注								

开票人：冯征

电子发票（增值税专用发票）

发票号码：23322000201751020313
开票日期：2023年12月11日

购买方信息	名称：南京顺驰汽车科技有限公司 统一社会信用代码/纳税人识别号：9132011578383206X8			销售方信息	名称：南京美林合金材料有限公司 统一社会信用代码/纳税人识别号：9132010663758701L			
项目名称	规格型号	单位	数量	单价	金额	税率/征收率	税额	
*非金属矿石*甲材料		千克	2000	13.20	26400.00	13%	3432.00	
合 计					¥26 400.00		¥3 432.00	
价税合计（大写）	⊗贰万玖仟捌佰叁拾贰元整				（小写）¥29832.00			
备注								

开票人：贾惠

凭证 32-2　增值税专用发票

业务 33：购买材料并验收入库，款已付，共 3 张原始凭证。

凭证 33-1　增值税专用发票

银行承兑汇票（存根）　　4　　10300051
37842806

出票日期（大写）：贰零贰叁年壹拾贰月壹拾壹日

出票人全称	南京顺驰汽车科技有限公司	收款人	全　称	南京美林合金材料有限公司
出票人账号	4301011409100236682		账　号	4301055590050286322
付款行全称	工商银行南京鼓楼支行		开户银行	工商银行南京天元支行

汇票金额	人民币（大写）	贰万玖仟捌佰叁拾贰元整	亿 千 百 十 万 千 百 十 元 角 分
			¥ 2 9 8 3 2 0 0

汇票到期日（大写）	贰零贰肆年叁月壹拾壹日	付款行	行号	102301000331
承兑协议编号	2023121104553-9		地址	南京市中山路129号

备注：购买材料	负责	经办　詹　铭

（南京顺驰汽车科技有限公司财务专用章）

此联出票人存查

收　料　单

供应单位：南京美林合金材料有限公司　　　　　　　　　收料单号码：SL1206
发票号码：25428577　　　　　　2023年12月11日　　　　收料仓库：原料库

材料编号	名称及规格	计量单位	数　量		实际成本		备注
			应收	实收	单价	金额	
	甲材料	千克	2 000	2 000	13.20	26 400.00	
	合　计		2 000	2 000		26 400.00	

供销主管：　　　　保管员：胡育康　　　　记账：杨富春　　　　制单：芮晶晶

②财务联

凭证33-2 银行承兑汇票

凭证33-3 收料单

电子发票(增值税专用发票)

发票号码：23322000102200020600
开票日期：2023年12月12日

购买方信息	名称：南京顺驰汽车科技有限公司 统一社会信用代码/纳税人识别号：9132011578383206X8			销售方信息	名称：南京万厘精密机械有限公司 统一社会信用代码/纳税人识别号：913201923027022907		
项目名称	规格型号	单位	数量	单价	金额	税率/征收率	税额
*小型起降设备*固定式升降机		台	1	15000.00	15000.00	13%	1950.00
合 计					¥15 000.00		¥1 950.00
价税合计（大写）	⊗壹万陆仟玖佰伍拾元整			（小写）¥16950.00			
备注							

开票人：陈彭茜

电子发票(增值税专用发票)

发票号码：23322020009055010711
开票日期：2023年12月12日

购买方信息	名称：南京顺驰汽车科技有限公司 统一社会信用代码/纳税人识别号：9132011578383206X8			销售方信息	名称：南京盛通八方物流有限公司 统一社会信用代码/纳税人识别号：913201007388687708		
项目名称	规格型号	单位	数量	单价	金额	税率/征收率	税额
*国内道路货物运输服务*运输费			1		200.00	9%	18.00
合 计					¥200.00		¥18.00
价税合计（大写）	⊗贰佰壹拾捌元整			（小写）¥218.00			
备注							

开票人：邹方

业务 34：购入一台固定式升降机并进行安装,共 4 张原始凭证。

凭证 34-1　增值税专用发票

凭证 34-2　增值税专用发票

中国工商银行 电汇凭证（回单） 1

☐普通 ☐加急　　委托日期 2023 年 12 月 12 日

汇款人	全称	南京顺驰汽车科技有限公司	收款人	全称	南京万厘精密机械有限公司
	账号	4301011409100236682		账号	4303376980306095832
	汇出地点	江苏省南京市		汇入地点	江苏省南京市
	汇出行名称	工商银行南京鼓楼支行		汇入行名称	工商银行南京江北新区支行

金额	人民币（大写）	壹万柒仟壹佰陆拾捌元整	亿	千	百	十	万	千	百	十	元	角	分
						¥	1	7	1	6	8	0	0

中国工商银行
南京鼓楼支行
2023.12.12
转讫

汇出行签章

支付密码

附加信息及用途：支付货款

复核：　　　记账：

此联汇出行给汇款人的回单

待安装设备交接单

项目名称：铣床安装工程　　　　2023 年 12 月 12 日

资产名称	规格型号	计量单位	数量	单价	运杂费	合　计
固定式升降机		台	1			

验收：盛华为　　　　经办：吴茜　　　　制表：朱丹平

凭证34-3 电汇凭证

凭证34-4 待安装设备交接单

中国工商银行　网上银行电子回单

电子回单号码：0026-1599-0216-1100

付款人	户　名	南京顺驰汽车科技有限公司	收款人	户　名	南京宁安机械工程有限公司
	账　号	4301011409100236682		账　号	4301062304275739961
	开户银行	工商银行南京鼓楼支行		开户银行	工商银行南京珠江路支行
金　额		¥872.00	金额(大写)		人民币捌佰柒拾贰元整
摘　要			业务(产品)种类		汇划发报
用　途		支付设备安装费			
交易流水号		926857031	时间戳		2023-12-13-15.32.50.874.562
	备注：				
	验证码：NM676Sa7YBD125MINe 72gg6suP52ZKsp6T				
记账网点		00100	记账柜员	0032	记账日期　2023 年 12 月 13 日

打印日期：2023 年 12 月 13 日

电子发票(增值税专用发票)

发票号码：23322000090101010321
开票日期：2023年12月13日

购买方信息	名称：南京顺驰汽车科技有限公司 统一社会信用代码/纳税人识别号：9132011578383206X8	销售方信息	名称：南京宁安机械工程有限公司 统一社会信用代码/纳税人识别号：91320104790435978X

项目名称	规格型号	单位	数量	单价	金额	税率/征收率	税额
*安装服务*升降机安装费		台	1	800.00	800.00	9%	72.00
合　计					¥800.00		¥72.00
价税合计（大写）	⊗捌佰柒拾贰元整				（小写）¥872.00		
备注							

开票人：屈炜

业务35：支付固定式升降机安装费，共2张原始凭证。

凭证35-1　网上银行电子回单

凭证35-2　增值税专用发票

电子发票(增值税专用发票)

发票号码：23322000101103080629
开票日期：2023年12月13日

购买方信息	名称：南京顺驰汽车科技有限公司			销售方信息	名称：镇江晶润化工有限公司		
	统一社会信用代码/纳税人识别号：9132011578383206X8				统一社会信用代码/纳税人识别号：9132110740659206E		

项目名称	规格型号	单位	数量	单价	金额	税率/征收率	税额
*石油制品*润滑剂A		千克	500	16.10	8050.00	13%	1046.50
*石油制品*润滑剂B		千克	400	12.54	5016.00	13%	652.08
合计					¥13 066.00		¥1 698.58

价税合计（大写）	⊗壹万肆仟柒佰陆拾肆元伍角捌分	（小写）¥14764.58
备注		

开票人：柴学宾

南京市住房公积金汇(补)缴申请单(网上)

缴存日期：2023 年 12 月 13 日

单位签章

单位名称	南京顺驰汽车科技有限公司				汇缴月份	2023 年 11 月							
单位账号	9132011578383206X8				联系电话								
转移金额(大写)						仟	佰	拾	万	仟	佰	拾	元	角	分
⊗玖万壹仟肆佰贰拾肆元整						¥			9	1	4	2	4	0	0

项目	上月汇缴	调整前后差额	增加	减少	个缴转汇缴	本月汇缴	汇缴个人补缴
人数	100					100	
金额 合计	91 424.00					91 424.00	
单位	45 712.00					45 712.00	
个人	45 712.00					45 712.00	

付款账号		银行签章：	会计分录：
	管理部或分中心签章：		借：
	经办人： 复核人：		贷：
		主管 复核 记账 验印	

业务 36：采购材料,收到发票,共 1 张原始凭证。

凭证 36　增值税专用发票

业务 37：支付上月住房公积金,共 2 张原始凭证。

凭证 37-1　住房公积金汇(补)缴清单

中国工商银行　网上银行电子回单

电子回单号码：0019-4020-5358-1100

付款人	户　名	南京顺驰汽车科技有限公司	收款人	户　名	南京住房公积金管理中心
	账　号	4301011409100236682		账　号	
	开户银行	工商银行南京鼓楼支行		开户银行	
金　额		¥91 424.00	金额（大写）		人民币玖万壹仟肆佰贰拾肆元整
摘　要			业务（产品）种类		跨行发报
用　途		公积金			
交易流水号		45098726	时间戳		2023-12-13-16.02.16.076.902
备　注					
验证码：		O04l702TCAmu091tMqA3bd3RnPWz98gsu=			
记账网点		00111	记账柜员	00271	记账日期　2023 年 12 月 13 日

打印日期：2023 年 12 月 13 日

收　料　单

供应单位：镇江晶润化工有限公司　　　　　　　　　　　　　　　　收料单号码：SL1207
发票号码：43020865　　　　　　　2023 年 12 月 14 日　　　　　　收料仓库：原料库

材料编号	名称及规格	计量单位	数量 应收	数量 实收	实际成本 单价	实际成本 金额	备注
	润滑剂 A	千克	500	500	16.10	8 050.00	②财务联
	润滑剂 B	千克	400	400	12.54	5 016.00	
	合　　计		900	900		13 066.00	

供销主管：　　　　　保管员：胡育康　　　　　记账：杨富春　　　　　制单：芮晶晶

凭证 37-2　网上银行电子回单

业务 38：材料验收入库，共 1 张原始凭证。

凭证 38　收料单

南京顺驰汽车科技有限公司

关于核销坏账的请示

公司领导：

　　南通倍特机械有限公司所欠的账款 20000.00 元（大写：贰万元整）已经超过三年，屡催无效，断定无法收回。根据有关财务制度的规定，申请将该笔账款作坏账损失处理，请批准予以核销。

经公司研究决定，同意财务部意见。

财务部
2023 年 12 月 14 日

固定资产验收交接单

固定资产类别：固定资产　　　　2023 年 12 月 15 日　　　　编号：1203

固定资产名称	固定式升降机	规格型号		生产单位		台	取得来源	购买
原　值		预计净残值率		数量		1	使用部门	热处理车间
生产日期		验收日期	12 月 15 日	开始使用日期	12 月 15 日		预计使用年限	6 年
投入日期	12 月 15 日	已使用年限	0	尚能使用年限	6 年		投入时已提折旧	
验收意见	符合规定质量标准，验收合格！ 负责人：黄乐山							
移交单位	设备科	移交单位负责人	谢贵钧	移交人		曹会明	2023 年 12 月 15 日	
接管单位	热处理车间	接管单位负责人	黄乐山	接管人		楚　钧	2023 年 12 月 15 日	

业务 39：经批准，核销坏账准备，共 1 张原始凭证。

凭证 39 请示文件

业务 40：固定式升降机安装完毕并交付使用，共 1 张原始凭证。

凭证 40 固定资产验收交接单

```
       中国工商银行
       现金支票存根
        10203210
         63225973

附加信息
付款银行账号：
4301011409100236682

出票日期 2023 年 12 月 15 日

收款人：南京顺驰汽车科技有限
        公司

金  额：￥9 000.00

用  途：备用金

单位主管            会计 杨富春
```

差旅费报销单

报销日期：2023 年 12 月 15 日 附单据 3 张

姓 名		刘佳欣			出差事由		出差北京参加行业展会				
启程日期及地点			到达日期及地点			交通工具	金额	出差补助		住宿费		金额合计
月	日	地点	月	日	地点			天数	金额	地点	金额	
12	5	南京	12	5	北京	高铁	443.00	7	1050.00	北京	2100.00	
12	12	北京	12	12	南京	高铁	443.00					
			合 计				886.00		1050.00		2100.00	4036.00
实报金额		人民币(大写)：肆仟零叁拾陆元整					预借金额		应补金额		应退金额	
							5000.00				964.00	

财务经理：乔国辉   部门主管：仇 琼   出差人：刘佳欣

业务 41：开出现金支票,从银行提取现金作为备用金,共 1 张原始凭证。

凭证 41　现金支票存根

业务 42：销售人员报销差旅费,共 5 张原始凭证。

凭证 42-1　差旅费报销单

```
Z251263                    检票：二层10A检票口
          南京南 站    G106    北京南 站
          Nanjingnan      →     Beijingnan
          2023 年 12 月 05 日 8:37 开   10 车 12E 号
          ¥ 443.00 元        网      二等座
          限乘当日当次车
          3201031990****1587  刘佳欣

          168013005503R22214159   南京南售
```

```
F056982                    检票：二层19B检票口
          北京南 站    G117    南京南 站
          Beijingnan      →     Nanjingnan
          2023 年 12 月 12 日 9:25 开   15 车 09A 号
          ¥ 443.00 元        网      二等座
          限乘当日当次车
          3201031990****1587  刘佳欣

          10010300730629H057723   北京南售
```

电子发票（增值税专用发票）

发票号码：23112000024131110402
开票日期：2023年12月13日

购买方信息	名称：南京顺驰汽车科技有限公司 统一社会信用代码/纳税人识别号：9132011578383206X8	销售方信息	名称：北京华宇酒店管理有限公司 统一社会信用代码/纳税人识别号：911101157423003876

项目名称	规格型号	单位	数量	单价	金额	税率/征收率	税额
*住宿服务*住宿费		日	7	283.0188679245	1981.13	6%	118.87
合 计					¥1 981.13		¥118.87
价税合计（大写）	⊗贰仟壹佰元整			(小写) ¥2100.00			
备注							

开票人：孙芸

凭证 42-2　火车票

凭证 42-3　火车票

凭证 42-4　增值税专用发票

收 款 收 据

收款日期：2023 年 12 月 15 日

交款单位或交款人	刘佳欣			收款方式	现金							
收款事由	归还多借的差旅费用 											
金额	人民币（大写）	⊗玖佰陆拾肆元整				十万	千	百	十元	角	分	
							¥	9	6 4	0	0	

财务经理：   记账：   经办人：李梦旭

第二联 记账联

电子发票(增值税专用发票)

发票号码：23322000000002650072
开票日期：2023年12月16日

购买方信息	名称：南京顺驰汽车科技有限公司 统一社会信用代码/纳税人识别号：9132011578383206X8				销售方信息	名称：苏州卓达商贸有限公司 统一社会信用代码/纳税人识别号：9132059433887560 20		
项目名称	规格型号	单位	数量	单价	金额		税率/征收率	税额
*有色金属冶炼压延品*乙材料		千克	16000	16.00	256000.00		13%	33280.00
合　　计					¥256 000.00			¥33 280.00
价税合计（大写）		⊗贰拾捌万玖仟贰佰捌拾元整				（小写）¥289280.00		
备注								

开票人：祝诗诗

凭证 42-5　收款收据

业务 43：采购材料未入库,已付款,共 3 张原始凭证。

凭证 43-1　增值税专用发票

电子发票(增值税专用发票)

发票号码：23322000200210051122
开票日期：2023年12月16日

购买方信息	名称：南京顺驰汽车科技有限公司 统一社会信用代码/纳税人识别号：9132011578383206X8	销售方信息	名称：江苏顺达物流有限公司 统一社会信用代码/纳税人识别号：9132040032126557763

项目名称	规格型号	单位	数量	单价	金额	税率/征收率	税额
*陆路货物运输服务*公路运输		千克	16000	0.087	1392.00	9%	125.28
合　计					¥1392.00		¥125.28

价税合计（大写）：⊗壹仟伍佰壹拾柒元贰角捌分　（小写）¥1517.28

备注：

开票人：郭倩

中国工商银行 ICBC　托收凭证(付款通知)　5

委托日期：2023年12月16日　付款期限：2023年12月16日

业务类型	委托收款(□邮划　□电划)　托收承付(□邮划　□电划)		
付款人	全称	南京顺驰汽车科技有限公司	
	账号	4301011409100236682	
	地址	江苏省南京市	开户行 工行鼓楼支行
收款人	全称	苏州卓达商贸有限公司	
	账号	1102026509000217085	
	地址	江苏省苏州市	开户行 工行留园支行

金额 人民币（大写）：贰拾玖万零柒佰玖拾柒元贰角捌分　￥290797.28

款项内容	采购货款	托收凭证名称		发票	附寄单证张数	2
商品发货情况	公路运输			合同名称号码		

付款人开户银行签章
2023年12月16日

中国工商银行
南京鼓楼支行
2023.12.16
转讫

备注：
复核　记账

付款人注意：
1. 根据支付结算办法，上列委托收款(托收承付)款项在付款期限内未提出拒付，即视为同意付款，以此代付款通知。
2. 如需提出全部或部分拒付，应在规定期限内，将拒付理由书并附债务证明退交开户银行。

此联为付款人开户银行给付款人按期付款的通知

凭证 43-2 增值税专用发票

凭证 43-3 托收凭证

电子发票（增值税专用发票）

发票号码：23322000011012062090
开票日期：2023年12月16日

购买方信息	名称：江苏巧力传动机械有限公司 统一社会信用代码/纳税人识别号：91320102834911937W	销售方信息	名称：南京顺驰汽车科技有限公司 统一社会信用代码/纳税人识别号：9132011578383206X8

项目名称	规格型号	单位	数量	单价	金额	税率/征收率	税额
*机动车零配件*配件A		只	17000	20.00	340000.00	13%	44200.00
合 计					¥340 000.00		¥44 200.00

价税合计（大写）	⊗叁拾捌万肆仟贰佰元整	（小写）¥384200.00

备注：

开票人：黄娟

中国工商银行　网上银行电子回单

电子回单号码：0045-0232-3252-1100

付款人	户　名	江苏巧力传动机械有限公司	收款人	户　名	南京顺驰汽车科技有限公司
	账　号	1103030709100007496		账　号	4301011409100236682
	开户银行	工商银行无锡太湖支行		开户银行	工商银行南京鼓楼支行
金额		¥384200.00	金额（大写）		人民币叁拾捌万肆仟贰佰元整
摘要			业务(产品)种类		汇划收报
用途		货款			
交易流水号		98657450	时间戳		2023-12-16-12.59.30.010.945
备注：					
验证码：33JU9vab77wr90KSo66YMezxGotuIF0					
记账网点	00105	记账柜员	01052	记账日期	2023 年 12 月 16 日

打印日期：2023 年 12 月 16 日

业务 44：销售产品，共 3 张原始凭证。

凭证 44-1　增值税专用发票

凭证 44-2　网上银行电子回单

产品出库单

2023 年 12 月 16 日　　　　　　　　　　凭证编号：CK1203

用途：销售　　　　　　　　　　　　　　　　　仓库：产成品库

产品编号	名称及规格	计量单位	数量	单位成本	总成本	备注
01	配件A	只	17000			
合计			17000			

供销主管：　　　　保管员：贺宏光　　　　记账：杨富春　　　　制单：石梦圆

②财务联

中国工商银行 ICBC　　托收凭证（收账通知）　　4

委托日期：2023 年 12 月 17 日　　付款期限：2023 年 12 月 17 日

业务类型	委托收款（□邮划　□电划）			托收承付（□邮划　□电划）			
付款人	全称	南京巨威机械有限公司		收款人	全称	南京顺驰汽车科技有限公司	
	账号	10102001040005782			账号	4301011409100236682	
	地址	江苏省南京市县	开户行	农行玄武支行	地址	江苏省南京市县	开户行	工行鼓楼支行
金额	人民币（大写）	贰拾壹万元整				千百十万千百十元角分 ￥ 2 1 0 0 0 0 0 0	
款项内容	采购货款	托收凭证名称	商业承兑汇票	附寄单证张数	1		
商品发货情况	公路运输	合同名称号码					

中国工商银行
南京鼓楼支行
2023.12.17
转讫

备注：
复核　记账

上列款项已划回收入你方账户内。
付款人开户银行签章

2023 年 12 月 17 日

此联付款人开户行凭以汇款或收款人开户行作收账通知

凭证 44-3　产品出库单

业务 45：收到商业承兑汇票款，共 1 张原始凭证。
凭证 45　托收凭证

电子发票（增值税专用发票）　　发票号码：23322000232200061707
开票日期：2023年12月17日

购买方信息	名称：南京顺驰汽车科技有限公司 统一社会信用代码/纳税人识别号：9132011578383206X8	销售方信息	名称：南京仓实包装制品有限公司 统一社会信用代码/纳税人识别号：9132011656626733213

项目名称	规格型号	单位	数量	单价	金额	税率/征收率	税额
*纸浆模制品*配件A包装箱		个	120	12.00	1440.00	13%	87.20
*纸浆模制品*配件B包装箱		个	280	11.00	3080.00	13%	400.40
*纸浆模制品*配件C包装箱		个	110	11.00	1210.00	13%	157.30
合　　计					¥5 730.00		¥744.90
价税合计（大写）	⊗陆仟肆佰柒拾肆元玖角整				（小写）¥6474.90		
备注							

开票人：查良云

收　料　单

供应单位：南京仓实包装制品有限公司　　　　　　　　　　　　收料单号码：SL1208
发票号码：20330652　　　　　　2023 年 12 月 17 日　　　　　收料仓库：周转材料库

材料编号	名称及规格	计量单位	数量		实际成本		备注
			应收	实收	单价	金额	
	配件 A 包装箱	个	120	120	12.00	1440.00	
	配件 B 包装箱	个	280	280	11.00	3080.00	
	配件 C 包装箱	个	110	110	11.00	1210.00	
	合　　计		510	510		5730.00	

供销主管：　　　　　　保管员：胡育康　　　　　　记账：杨富春　　　　　　制单：芮晶晶

业务46：购入包装箱，共3张原始凭证。

凭证46-1　增值税专用发票

凭证46-2　收料单

中国工商银行　网上银行电子回单

电子回单号码:0020-2505-2422-1100

付款人	户名	南京顺驰汽车科技有限公司	收款人	户名	南京仓实包装制品有限公司
	账号	4301011409100236682		账号	4322410621112980052
	开户银行	工商银行南京鼓楼支行		开户银行	工商银行南京江宁支行
	金额	¥6 474.90		金额(大写)	人民币陆仟肆佰柒拾肆元玖角整
	摘要			业务(产品)种类	汇划发报
	用途	包装箱货款			
	交易流水号	32005621		时间戳	2023-12-17-14.43.55.522.111
	备注:				
	验证码:	Abp56HQinBUFam90anMTC15jszx07vV2			
记账网点	00124	记账柜员	00101	记账日期	2023年12月17日

打印日期:2023年12月17日

电子发票（普通发票）

发票号码:23322000591203073103
开票日期:2023年12月17日

购买方信息	名称：南京顺驰汽车科技有限公司 统一社会信用代码/纳税人识别号:9132011578383206X8	销售方信息	名称：南京源图设计有限公司 统一社会信用代码/纳税人识别号:913201027806671716

项目名称	规格型号	单位	数量	单价	金额	税率/征收率	税额
*印刷品*产品宣传册		批	1	1600.00	1600.00	3%	48.00
合　计					¥1 600.00		¥48.00
价税合计（大写）	⊗壹仟陆佰肆拾捌元整				(小写)¥1648.00		
备注							

开票人：祁愿

凭证46-3 网上银行电子回单

业务47：制作产品宣传册，并支付费用，共2张原始凭证。

凭证47-1 增值税电子普通发票

中国工商银行　网上银行电子回单

电子回单号码:0020-2505-2422-1100

付款人	户　名	南京顺驰汽车科技有限公司	收款人	户　名	南京源图设计有限公司
	账　号	4301011409100236682		账　号	3200653221127397 8330
	开户银行	工商银行南京鼓楼支行		开户银行	农业银行南京中华门支行
金额		￥1648.00	金额(大写)		人民币壹仟陆佰肆拾捌元整
摘要			业务(产品)种类		跨行发报
用途		产品宣传册制作			
交易流水号		26023456	时间戳		2023-12-17-15.01.15.802.636
备注					
验证码：90Kum23Exo025cat20PDshLFdAIcqz09＝					
记账网点	00202	记账柜员	00045	记账日期	2023年12月17日

打印日期:2023年12月17日

收　料　单

供应单位：苏州卓达商贸有限公司　　　　　　　　　　　收料单号码：SL1209
发票号码：39420776　　　　2023年12月17日　　　　收料仓库：原料库

材料编号	名称及规格	计量单位	数量		实际成本		备注
			应收	实收	单价	金额	
	乙材料	千克	16000	16000	16.087	257392.00	
	合　计		16000	16000		257392.00	

供销主管：　　　　　保管员：胡育康　　　　记账：杨富春　　　　制单：芮晶晶

凭证 47-2　网上银行电子回单

业务 48：材料验收入库，共 1 张原始凭证。

凭证 48　收料单

电子发票（普通发票）

发票号码：23322000026263073005
开票日期：2023年12月18日

购买方信息	名称：南京顺驰汽车科技有限公司 统一社会信用代码/纳税人识别号：913201157838 3206X8	销售方信息	名称：南京苏典餐饮管理有限公司 统一社会信用代码/纳税人识别号：91320106787 1040649

项目名称	规格型号	单位	数量	单价	金额	税率/征收率	税额
*餐饮服务*中式餐饮			1	1100.00	1100.00	6%	66.00
合计					¥1100.00		¥66.00

价税合计（大写）	⊗壹仟壹佰陆拾陆元整	（小写）¥1166.00

备注：

开票人：苏姝婷

报账(付款)审批单

2023 年 12 月 18 日   附单据：1张

部门	办公室	事由	招待
项目名称	金额(元)	付款(结算)方式	备注
管理费用	1166.00	库存现金	
合计	1166.00		

总经理：章飞跃　　财务经理：乔国辉　　部门主管：张志坤　　申请人：张志坤

业务 49：支付业务招待费，共 2 张原始凭证。

凭证 49-1　增值税电子普通发票

凭证 49-2　报账(付款)审批单

电子发票（增值税专用发票）

发票号码：23322000026263073005
开票日期：2023年12月18日

购买方信息	名称：南京顺驰汽车科技有限公司 统一社会信用代码/纳税人识别号：9132011578383206X8	销售方信息	名称：南京匠新汽车维修有限公司 统一社会信用代码/纳税人识别号：91320106690313508A

项目名称	规格型号	单位	数量	单价	金额	税率/征收率	税额
*修理修配劳务*汽车维修					3185.84	13%	414.16
合　　计					¥3 185.84		¥414.16

价税合计（大写）	⊗叁仟陆佰元整	（小写）¥3600.00
备注		

开票人：薛雯

报账（付款）审批单

2023 年 12 月 18 日　　　　　　　　　　　　　　　　附单据：6 张

部　门	车队	事　由	12月份汽修费
项目名称	金额(元)	付款(结算)方式	备　注
汽车维修费用	3600.00	库存现金	
合　计	3600.00		

总经理：章飞跃　　　　财务经理：乔国辉　　　　部门主管：张志坤　　　　申请人：张志坤

业务 50：支付汽车维修费用,共 2 张原始凭证。

凭证 50-1　增值税专用发票

凭证 50-2　报账(付款)审批单

电子发票(增值税专用发票)

发票号码：23322000011002070202
开票日期：2023年12月18日

购买方信息	名称：南京森龙家具制造有限公司 统一社会信用代码/纳税人识别号：91320113787110384B	销售方信息	名称：南京顺驰汽车科技有限公司 统一社会信用代码/纳税人识别号：9132011578383206X8

项目名称	规格型号	单位	数量	单价	金额	税率/征收率	税额
*不动产经营租赁*厂房租赁					9174.31	9%	825.69
合 计					¥9 174.31		¥825.69

价税合计（大写）	⊗壹万元整	（小写）¥10000.00

备注	12月份房租

开票人：黄娟

中国工商银行 进账单(收账通知) 3

2023 年 12 月 18 日　　　　　　　第　号

出票人	全称	南京森龙家具制造有限公司	收款人	全称	南京顺驰汽车科技有限公司
	账号	10102501020053236		账号	4301011409100236682
	开户银行	农业银行南京燕子矶支行		开户银行	工商银行南京鼓楼支行
金额	人民币（大写）	壹万元整	千 百 十 万 千 百 十 元 角 分 ¥ 1 0 0 0 0 0 0		
票据种类	转账支票	票据张数	1	中国工商银行 南京鼓楼支行 2023.12.18 转讫 收款人开户银行签章	
票据号码		24007520			
复核		记账			

此联是收款人开户银行交给收款人的收账通知

业务51：收到本月厂房租金，共2张原始凭证。

凭证51-1　增值税专用发票

凭证51-2　进账单

南京顺驰汽车科技有限公司

违章作业处罚的决定

　　经过调查核实,生产部门冷加工车间员工盛华为在12月18日当班期间,未能遵守作业规范,操作不当,造成产品质量出现瑕疵,不符合质量要求。根据公司管理制度的规定,给予当事人罚款贰佰元处理。

　　望全体员工引以为戒,严格遵守作业规范,确保安全生产。

办公室
2023年12月18日

经研究决定,同意办公室意见。

收 款 收 据

收款日期:2023年12月20日

交款单位或交款人	盛华为	收款方式	现金							
收款事由	违章作业,按公司管理制度处以罚款。 现金收讫									
金额	人民币(大写)	⊗贰佰元整		十万	万	千	百	十	元	角	分
							¥2	0	0	0	0

财务经理:　　　　　记账:　　　　　经办人:李梦旭

第二联 记账联

业务 52：收到车间工人违章作业罚款，共 2 张原始凭证。

凭证 52-1　处罚决定

凭证 52-2　收款收据

中国工商银行
现金支票存根
10203210
63225974

附加信息
付款银行账号：
4301011409100236682

出票日期 2023 年 12 月 21 日

| 收款人：南京顺驰汽车科技有限公司 |
| 金　额：¥3 000.00 |
| 用　途：备用金 |

单位主管　　　　会计 杨富春

南京特种印刷有限公司

家庭困难职工补助发放清单

2023 年 12 月 21 日

编号	姓　名	部　门	补助金额	签　收
1	杨国伟	热处理车间	600.00	杨国伟
2	彭　茜	冷加工车间	600.00	彭　茜
3	史冬雪	销售部门	600.00	史冬雪
4	唱晓阳	机修车间	1000.00	唱晓阳
5	张志坤	车　队	1000.00	张志坤
合计		现金付讫	3800.00	

总经理：章飞跃　　　财务经理：乔国辉　　　制表：杨富春　　　出纳：李梦旭

业务 53：开出现金支票，从银行提取现金作为备用金，共 1 张原始凭证。

凭证 53　现金支票存根

业务 54：向家庭困难职工发放补助，共 1 张原始凭证。

凭证 54　家庭困难职工补助发放清单

电子发票（增值税专用发票）

发票号码：23320000165201330200
开票日期：2023年12月21日

购买方信息	名称：上海万象新能源科技有限公司 统一社会信用代码/纳税人识别号：913101177960479Y27				销售方信息	名称：南京顺驰汽车科技有限公司 统一社会信用代码/纳税人识别号：9132011578383206X8		
项目名称	规格型号	单位	数量	单价	金额		税率/征收率	税额
*机动车零配件*配件B		只	15000	22.00	330000.00		13%	42900.00
*机动车零配件*配件C		只	8000	18.00	144000.00		13%	18720.00
合　　计					¥474 000.00			¥61 620.00
价税合计（大写）	⊗伍拾叁万伍仟陆佰贰拾元整				（小写）¥535620.00			
备注								

开票人：黄娟

商业承兑汇票

出票日期（大写）　贰零贰叁 年 壹拾贰 月 贰拾壹 日　　2 00100061 25762199

付款人	全称	上海万象新能源科技有限公司	收款人	全称	南京顺驰汽车科技有限公司
	账号	3100158323608225896		账号	4301011409100236682
	开户行	中国建设银行上海车墩支行		开户行	中国工商银行南京鼓楼支行

出票金额	人民币（大写）	伍拾叁万伍仟陆佰贰拾元整	亿	千	百	十	万	千	百	十	元	角	分
					¥	5	3	5	6	2	0	0	0

汇票到期日（大写）	贰零贰肆年零贰月贰拾壹日	行号	105290080093
交易合同号码		地址	上海市车墩镇虬长路208号

本汇票已经承兑，到期无条件付票款。 承兑日期 2023 年 12 月 21 日 承兑人签章	本汇票请予以承兑，并于到期日付款。 出票人签章

业务 55：销售产品,共 3 张原始凭证。

凭证 55-1　增值税专用发票

凭证 55-2　商业承兑汇票

产 品 出 库 单

2023 年 12 月 21 日　　　　　　　　　　凭证编号：CK1204

用途：销售　　　　　　　　　　　　　　仓库：产成品库

产品编号	名称及规格	计量单位	数量	单位成本	总成本	备注
02	配件 B	只	15000			②财务联
03	配件 C	只	8000			
	合　计		23000			

供销主管：　　　　保管员：贺宏光　　　　记账：杨富春　　　　制单：石梦园

中国工商银行　网上银行电子回单

电子回单号码：0032-5821-7910-1100

付款人	户名		收款人	户名	南京顺驰汽车科技有限公司
	账号			账号	4301011409100236682
	开户银行			开户银行	工商银行南京鼓楼支行
金额	¥2596.70		金额（大写）		人民币贰仟伍佰玖拾陆元柒角整
摘要	利息		业务(产品)种类		利息入账
用途					
交易流水号	0		时间戳		2023-12-21-02.42.10.978.712
备注	起息日期：2023-9-21　止息日期：2023-12-20				
验证码	6xmFvDKdeA8hqZNWIralv7xMeR8ApBe=				
记账网点	00166	记账柜员	00002	记账日期	2023 年 12 月 21 日

打印日期：2023 年 12 月 21 日

凭证 55-3　产品出库单

业务 56：收到银行存款利息，共 1 张原始凭证。

凭证 56　网上银行电子回单

电子发票（增值税专用发票）

发票号码：23322000905600020310
开票日期：2023年12月22日

购买方信息	名称：南京顺驰汽车科技有限公司 统一社会信用代码/纳税人识别号：9132011578383206X8	销售方信息	名称：无锡爱邦包装制品有限公司 统一社会信用代码/纳税人识别号：91320205732490674R

项目名称	规格型号	单位	数量	单价	金 额	税率/征收率	税 额
*塑料制品*泡沫塑料		千克	150	15.00	2250.00	13%	292.50
合　　计					¥2 250.00		¥292.50
价税合计（大写）	⊗贰仟伍佰肆拾贰元伍角整				（小写）¥2542.50		
备注							

开票人：程思凡

收 料 单

供应单位：无锡爱邦包装制品有限公司　　　　　　　　　　　　收料单号：SL1210
发票号码：35240226　　　　2023年12月22日　　　　收料仓库：原料库

材料编号	名称及规格	计量单位	数量		实际成本		备注
			应收	实收	单价	金额	
	泡沫塑料	千克	150	150	15.00	2250.00	②财务联
	合　计		150	150		2250.00	

供销主管：　　　　保管员：胡育康　　　　记账：杨富春　　　　制单：芮晶晶

业务 57：采购材料已入库，共 2 张原始凭证。

凭证 57-1　增值税专用发票

凭证 57-2　收料单

中国工商银行股份有限公司南京分行贷款还息凭证

打印日期:2023 年 12 月 22 日

客户号:025628453 借款单位:南京顺驰汽车科技有限公司			机构代码:102	
产生利息账号	还息金额(按季)	现有余额		备 注
234500000-90	4500.00			合同号 1087330
金额合计	(大写)人民币肆仟伍佰元整			
	(小写)CNY4500.00			
付款账号:4301011409100236682 合同编号:1087330 交易业务号:102NJA58452031130				

开票 朱苗婷　　　记账　　　复核　　　　(盖章)

中国工商银行　网上银行电子回单

电子回单号码:0032-5819-0710-1100

付款人	户　名	南京顺驰汽车科技有限公司	收款人	户　名	中国工商银行股份有限公司南京鼓楼支行
	账　号	4301011409100236682		账　号	4301012205113729366
	开户银行	工商银行南京鼓楼支行		开户银行	工商银行南京分行
金额		¥404500.00	金额(大写)		人民币肆拾万肆仟伍佰元整
摘要		偿还长期贷款	业务(产品)种类		偿还长期贷款
用途					
交易流水号		00000000	时间戳		2023-12-22-21.27.10.435.700
备注:产品名称:长期贷款　借款本金:400000.00元 起息日期:2022-12-23　止息日期:2023-12-22 验证码:Q9oYAHx0M9ErqJcCA450/LuRA0zJamZg0=					
记账网点	00157	记账柜员	00002	记账日期	2023 年 12 月 22 日

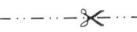

打印日期:2023 年 12 月 22 日

业务 58：偿还长期贷款，共 2 张原始凭证。

凭证 58-1　贷款还息凭证

凭证 58-2　网上银行电子回单

贴现凭证（收款通知） 4

申请日期：2023 年 12 月 22 日　　　　　　　　　第 20204582 号

贴现汇票	种　类	商业承兑汇票	号　码	25762199		持票人	名　称	南京顺驰汽车科技有限公司									
	出票日	2023 年 12 月 21 日					账　号	43010114091000236682									
	到票日	2024 年 3 月 21 日					开户银行	工商银行南京鼓楼支行									
汇票承兑人	名　称	上海万象新能源科技有限公司					开户银行	建行上海车墩支行									
汇票金额	人民币（大写）	伍拾叁万伍仟陆佰贰拾元整							千	百	十	万	千	百	十	元	角	分
										¥	5	3	5	6	2	0	0	0
贴现率			贴现利息	千	百	十	万	千	百	十	元	角	分	实付贴现金额	千	百	十	万	千	百	十	元	角	分
							¥	2	6	7	8	1	0				¥	5	3	2	9	4	1	9	0

贴现款项已入你单位账户。

（中国工商银行南京鼓楼支行 2023.12.22 转讫）

银行签章

备注：

南京证券股份有限公司

客户名称：南京顺驰汽车科技有限公司　　　　　　日期：2023 年 12 月 23 日

000651　　　　　　　成交过户交割单　　　　　　买

股东编号：896572　　　　　　成交证券：格力电器
电脑编号：290656　　　　　　成交数量：3000
公司编号：1029　　　　　　　成交价格：55.32

申请编号：4665　　　　　　　成交金额：168996.00
申报时间：14:28　　　　　　 标准佣金：253.44
成交时间：15:20　　　　　　 过户费用：

上次余额：0（股）　　　　　　印花税：
本次成交：3000（股）　　　　 应收金额：
本次余额：3000（股）　　　　 附加费用：
本次库存：

实付金额：¥169249.44

③通知联

业务 59：办理商业承兑汇票贴现，共 1 张原始凭证。

凭证 59　贴现凭证

业务 60：购入股票，期望在短期价格变化中获利，共 2 张原始凭证。

凭证 60-1　成交过户交割单

电子发票（增值税专用发票）

发票号码：23322000003210280203
开票日期：2023年12月23日

购买方信息	名称：南京顺驰汽车科技有限公司 统一社会信用代码/纳税人识别号：9132011578383206X8					销售方信息	名称：南京证券股份有限公司 统一社会信用代码/纳税人识别号：913201001348815368			
项目名称	规格型号	单位	数量			单价	金额	税率/征收率		税额
*金融服务*直接收费金融服务			1			239.0943396226	239.09	6%		14.35
合计							¥239.09			¥14.35
价税合计（大写）	⊗贰佰伍拾叁元肆角肆分						（小写）¥253.44			
备注										

开票人：赵文泉

电子发票（增值税专用发票）

发票号码：23322002012803023010
开票日期：2023年12月24日

购买方信息	名称：南京顺驰汽车科技有限公司 统一社会信用代码/纳税人识别号：9132011578383206X8					销售方信息	名称：中国联合网络通信有限公司南京分公司 统一社会信用代码/纳税人识别号：913201007283612205			
项目名称	规格型号	单位	数量			单价	金额	税率/征收率		税额
*电信服务*通信服务费			1			2700.00	2700.00	9%		243.00
合计							¥2 700.00			¥243.00
价税合计（大写）	⊗贰仟玖佰肆拾叁元整						（小写）¥2943.00			
备注										

开票人：周秀莉

凭证 60-2　增值税专用发票

业务 61：支付本月通信费用，共 3 张原始凭证。

凭证 61-1　增值税电子专用发票

中国工商银行 网上银行电子回单

电子回单号码：0035-0256-0152-1100

付款人	户名	南京顺驰汽车科技有限公司	收款人	户名	中国联合网络通信有限公司南京分公司
	账号	4301011409100236682		账号	3200066210101410689896
	开户银行	工商银行南京鼓楼支行		开户银行	交通银行南京鼓楼支行
金额		¥2943.00	金额（大写）		人民币贰仟玖佰肆拾叁元整
摘要			业务(产品)种类		跨行发报
用途		通信服务费			
交易流水号		15003211	时间戳		2023-12-24-11.53.03.006.219
	备注				
	验证码：	O32eCdLtp2Jzv9e1xOLmqH5o7N40＝			
记账网点	00214	记账柜员	00021	记账日期	2023 年 12 月 24 日

打印日期：2023 年 12 月 24 日

---

12 月通信费用明细表

序号	部门	通信费用
1	热处理车间	100.00
2	冷加工车间	100.00
3	机修车间	150.00
4	车队	250.00
5	销售部门	1300.00
6	管理部门	800.00
合计		2700.00

审核：乔国辉　　　　　　　　　　　　　　　记账：程倩倩

凭证 61-2　网上银行电子回单

凭证 61-3　通信费用明细表

报账(付款)审批单

2023 年 12 月 25 日　　　　　　　　　　　　　　　　　附单据：6 张

部　门	车队	事　由	12月份汽油费
项目名称	金额(元)	付款(结算)方式	备　注
汽油费	2400.00	库存现金	
合　计	2400.00		

总经理：章飞跃　　　　财务经理：乔国辉　　　　部门主管：张志坤　　　　申请人：张志坤

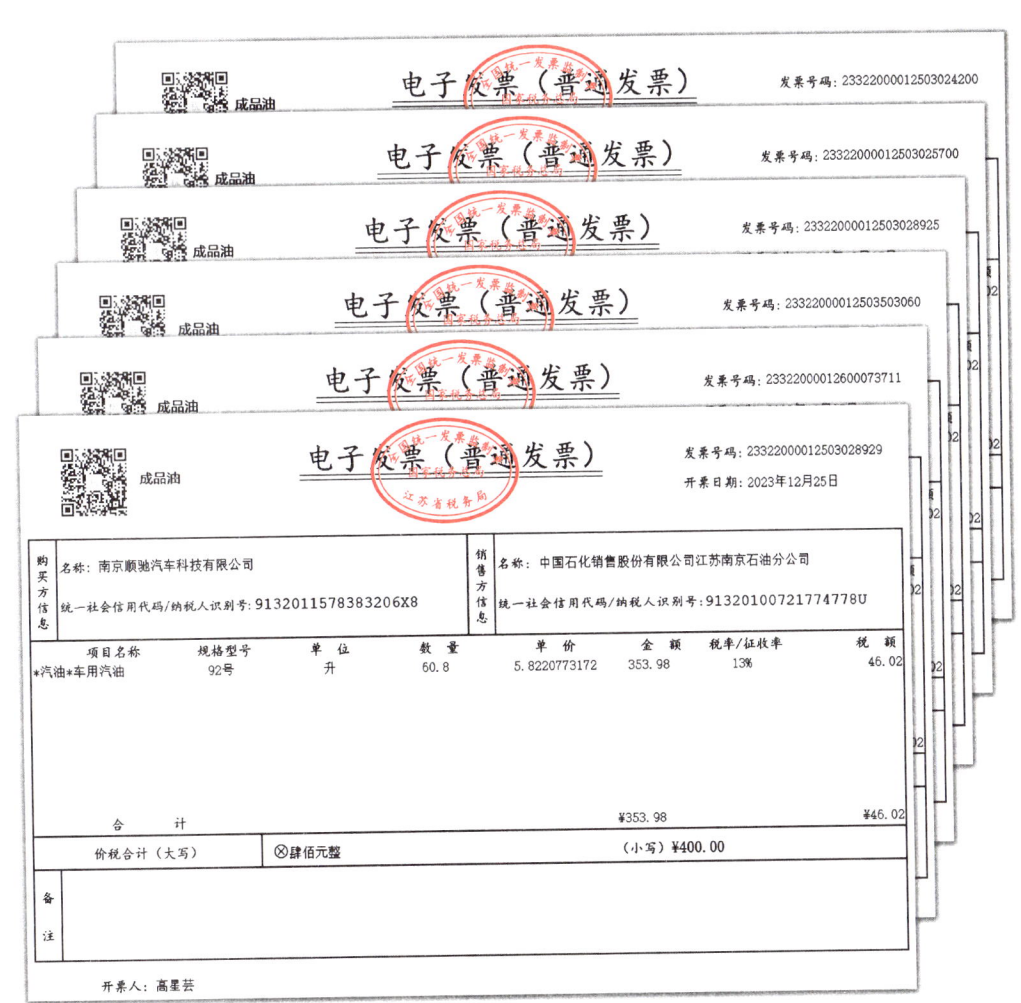

业务 62：车队报销汽油费，共 2 张原始凭证。

凭证 62-1　报账(付款)审批单

凭证 62-2　增值税普通发票

```
          中国工商银行
          现金支票存根
          10203210
          63225975
附加信息
付款银行账号：
4301011409100236682
出票日期 2023 年 12 月 25 日

收款人：

金  额：¥12000.00

用  途：支付职工理疗金

单位主管        会计 杨富春
```

职工理疗金发放签字表

制单部门：办公室　　　　　　　　　　　　　日期：2023 年 12 月 25 日

序号	部门	职工人数	发放标准	金额	经领人
1	热处理车间	36	120元/人	4320.00	杨国伟
2	冷加工车间	42	120元/人	5040.00	吴茜
3	机修车间	6	120元/人	720.00	郭复兴
4	车队	3	120元/人	360.00	张志坤
5	管理部门	4	120元/人	480.00	赵艳来
6	销售部门	9	120元/人	1080.00	钟国梦
合计		100		12000.00	

业务63：开出现金支票,从银行提取现金作为备用金,共1张原始凭证。

凭证63 现金支票存根

业务64：发放理疗金,共1张原始凭证。

凭证64 职工理疗金发放签字表

固定资产处置申请单

2023 年 12 月 25 日

固定资产名称	供油设备	资产编号	2305	购建时间	2019 年 4 月
使用部门	热处理车间	处置数量	1 台	停用时间	2023 年 12 月
已提折旧月数	55 个月	月折旧额	1529.67	原 值	95000.00
有效使用年限	60 个月	累计折旧	84131.85	净残值	3219.8
处置原因：设备严重老化，无维修价值					
财务部门负责人： 同意报废　邱兆明 　　　　　　　　　2023 年 12 月 25 日			公司负责人： 同意报废　章飞跃 　　　　　　　　　2023 年 12 月 25 日		
编制人：熊 岳			使用部门负责人：杨国伟		

电子发票（增值税专用发票）

发票号码：23322002002600025032

开票日期：2023年12月26日

购买方信息	名称：南京顺驰汽车科技有限公司 统一社会信用代码/纳税人识别号：9132011578383206X8
销售方信息	名称：南京亮洁设备清理有限公司 统一社会信用代码/纳税人识别号：913201166580277591K

项目名称	规格型号	单位	数量	单价	金额	税率/征收率	税额
*现代服务*供油设备清理		次	1		1000.00	3%	30.00
合　计					￥1 000.00		￥30.00
价税合计（大写）	⊗壹仟零叁拾元整				（小写）￥1030.00		
备注							

开票人：郑诚

业务 65：供油设备老化,申请报废,共 1 张原始凭证。

凭证 65　固定资产处置申请单

业务 66：支付供油设备清理费,共 2 张原始凭证。

凭证 66-1　增值税专用发票

中国工商银行 网上银行电子回单

电子回单号码:0037-3776-2528-1100

付款人	户　名	南京顺驰汽车科技有限公司	收款人	户　名	南京亮洁设备清理有限公司
	账　号	4301011409100236682		账　号	100001040004357
	开户银行	工商银行南京鼓楼支行		开户银行	农业银行南京迈皋桥支行
金额	¥1030.00		金额(大写)	人民币壹仟零叁拾元整	
摘要			业务(产品)种类	跨行发报	
用途	供油设备清理费				
交易流水号	30202215		时间戳	2023-12-26-10.06.23.311.212	
	备注：				
	验证码：Mn92oak11oRO60B1E70T2JQpfd67a40＝				
记账网点	00104	记账柜员	00006	记账日期	2023 年 12 月 26 日

打印日期:2023 年 12 月 26 日

电子发票（普通发票）

发票号码：23322000000210310528
开票日期：2023年12月27日

购买方信息	名称：南京复生资源回收有限公司				销售方信息	名称：南京顺驰汽车科技有限公司		
	统一社会信用代码/纳税人识别号：91320191783367999B					统一社会信用代码/纳税人识别号：9132011578383206X8		

项目名称	规格型号	单位	数量	单价	金额	税率/征收率	税额
*电气工业设备*供油设备			1		2500.00	13%	325.00
合　计					¥2 500.00		¥325.00
价税合计（大写）	⊗贰仟捌佰贰拾伍元整			（小写）2825.00			
备注	报废设备，作废品处理						

开票人：黄娟

凭证 66-2　网上银行电子回单

业务 67：供油设备残料回收，共 2 张原始凭证。

凭证 67-1　增值税普通发票

中国工商银行　网上银行电子回单

电子回单号码:0030-2402-3057-1100

付款人	户　名	南京复生资源回收有限公司	收款人	户　名	南京顺驰汽车科技有限公司
	账　号	100021352260282		账　号	4301011409100236682
	开户银行	农业银行南京秣陵分理处		开户银行	工商银行南京鼓楼支行
金额		¥2825.00	金额(大写)		人民币贰仟捌佰贰拾伍元整
摘要		废品回收	业务(产品)种类		跨行收报
用途					
交易流水号		50162337	时间戳		2023-12-27-18.03.03.026.166
		备注： 验证码：2L29LsIng6Fcu0s8rwy91kH5ZZ8U2JH40=			
记账网点		00082	记账柜员	00022	记账日期　2023 年 12 月 27 日

打印日期:2023 年 12 月 27 日

固定资产处置结果表

2023 年 12 月 28 日

固定资产名称	供油设备	原　价	95000.00	已提折旧	84131.85
净　值	10868.15	出售价格	2500.00	清理费用	1000.00
出售净损益	−9368.15				

财务部意见：	公司负责人意见：
报废净损失按企业会计准则处理。 邱兆明 2023 年 12 月 28 日	同意 章金跃 2023 年 12 月 28 日

凭证 67-2　网上银行电子回单

业务 68：结转供油设备处置净损益,共 1 张原始凭证。

凭证 68　固定资产处置结果表

电子发票（普通发票）

发票号码：23322002012002017255
开票日期：2023年12月28日

购买方信息	名称：南京顺驰汽车科技有限公司 统一社会信用代码/纳税人识别号：9132011578383206X8	销售方信息	名称：中国联合网络通信有限公司南京分公司 统一社会信用代码/纳税人识别号：913201007283612205

项目名称	规格型号	单位	数量	单价	金额	税率/征收率	税额
*电信服务*宽带服务				1000.00	1000.00	9%	90.00
合　　计					¥1 000.00		¥90.00

价税合计（大写）	⊗壹仟零玖拾元整	（小写）¥1090.00

备注	

开票人：周秀莉

中国工商银行　网上银行电子回单

电子回单号码：0035-0158-2166-1100

付款人	户　名	南京顺驰汽车科技有限公司	收款人	户　名	中国联合网络通信有限公司南京分公司
	账　号	4301011409100236682		账　号	320006621010141069896
	开户银行	工商银行南京鼓楼支行		开户银行	交通银行南京鼓楼支行
金额	¥1090.00		金额（大写）	人民币壹仟零玖拾元整	
摘要			业务(产品)种类	跨行发报	
用途	宽带服务费				
交易流水号	18721026		时间戳	2023-12-28-12.53.13.336.291	
备注			验证码：A34RkxT5GUS0CYCLq5p2Jzv9e1x0＝		
记账网点	00018	记账柜员	00003	记账日期	2023年12月28日

打印日期：2023 年 12 月 28 日

业务69：支付本月宽带服务费,共2张原始凭证。

凭证69-1 增值税电子普通发票

凭证69-2 网上银行电子回单

电子发票（增值税专用发票）

发票号码：23320000165206010442
开票日期：2023年12月28日

购买方信息	名称：常州德佳精密制造有限公司 统一社会信用代码/纳税人识别号：913204125558194660	销售方信息	名称：南京顺驰汽车科技有限公司 统一社会信用代码/纳税人识别号：9132011578383206X8

项目名称	规格型号	单位	数量	单价	金额	税率/征收率	税额
*机动车零配件*配件A		只	16000	20.00	320000.00	13%	41600.00
合计					¥320 000.00		¥41 600.00

价税合计（大写）	⊗叁拾陆万壹仟陆佰元整	（小写）¥361600.00

备注：

开票人：黄娟

产品出库单

2023年12月28日　　　　　　　　　凭证编号：CK1205

用途：销售　　　　　　　　　　　　仓库：产成品库

产品编号	名称及规格	计量单位	数量	单位成本	总成本	备注
01	配件A	只	16000			
合计						

供销主管：　　保管员：贺宏光　　记账：杨富春　　制单：石梦园

② 财务联

业务 70：销售产品,共 2 张原始凭证。

凭证 70-1　增值税专用发票

凭证 70-2　产品出库单

现金盘点报告单
2023 年 12 月 29 日

日　　期	账面余额	实际库存额	长款	短款	原因	处理意见
12 月 29 日				100.00	待查	

出纳：李梦旭　　　　　　　　　记账：　　　　　　　　　财务经理：

现金盘点报告单
2023 年 12 月 30 日

日　　期	账面余额	实际库存额	长款	短款	原因	处理意见
12 月 30 日				100.00	出纳遗失	转入"其他应收款" 邱兆明

出纳：李梦旭　　　　　　　　　记账：　　　　　　　　　财务经理：

收 款 收 据
2023 年 12 月 30 日

交款单位或交款人	李梦旭	收款方式	现金								
收款事由	赔款										
金额	人民币（大写）	⊗壹佰元整		十万	千	百	十	元	角	分
						¥	1	0	0	0	0

财务经理：　　　　　　　　记账：　　　　　　　　　经办人：李梦旭

第二联　记账联

业务71：现金盘亏,原因待查,共1张原始凭证。

凭证71 现金盘点报告单

业务72：查明现金盘亏原因,共1张原始凭证。

凭证72 现金盘点报告单

业务73：收到赔款,共1张原始凭证。

凭证73 收款收据

电子发票(增值税专用发票)

发票号码：23322002002600031099
开票日期：2023年12月30日

购买方信息	名称：南京顺驰汽车科技有限公司 统一社会信用代码/纳税人识别号：9132011578383206X8	销售方信息	名称：国网江苏省电力有限公司南京供电分公司 统一社会信用代码/纳税人识别号：91320100733144888A

项目名称	规格型号	单位	数量	单价	金额	税率/征收率	税额
*售电*工业用电		度	25600	0.725	18560.00	13%	2412.80
*售电*民用电		度	3400	0.425	1445.00	13%	187.85
合　　　计					¥20 005.00		¥2 600.65
价税合计（大写）	⊗贰万贰仟陆佰零伍元陆角伍分			（小写）22605.65			
备注							

开票人：邓诗韵

中国工商银行　网上银行电子回单

电子回单号码：0015-3200-2605-1100

付款人	户名	南京顺驰汽车科技有限公司	收款人	户名	国网江苏省电力有限公司南京供电分公司
	账号	4301011409100236682		账号	0338410720400002681
	开户银行	工商银行南京鼓楼支行		开户银行	农业银行南京鼓楼支行
金额		¥22605.65	金额(大写)		人民币贰万贰仟陆佰零伍元陆角伍分
摘要			业务(产品)种类		跨行发报
用途		电费			
交易流水号		35028260	时间戳		2023-12-30-17.53.38.420.522
备注					
验证码		3ecvMS23uxa90tuzRv87X 23uUxpp90			
记账网点	00505		记账柜员	00006	记账日期　2023年12月30日

打印日期：2023年12月30日

业务 74：支付本月电费，共 3 张原始凭证。

凭证 74-1　增值税专用发票

凭证 74-2　网上银行电子回单

电费分配表

2023 年 12 月 30 日

类 别	受益对象	定额工时	用电量(度)	分配率	分配金额
工业用电	热处理车间		9400		
	冷加工车间		16200		
	小 计		25600		
民用电	销售部门		500		
	管理部门		900		
	机修车间		1500		
	车 队		500		
	小 计		3400		
合 计			29000		

制表：

电子发票（增值税专用发票）

发票号码：23322002001200011051
开票日期：2023年12月31日

购买方信息	名称：南京顺驰汽车科技有限公司 统一社会信用代码/纳税人识别号：9132011578383206X8	销售方信息	名称：南京市江宁区自来水有限公司 统一社会信用代码/纳税人识别号：913201151355920I5Y

项目名称	规格型号	单位	数量	单价	金额	税率/征收率	税额
*水*自来水		吨	1974	2.10	4145.40	9%	373.09
合 计					¥4 145.40		¥373.09
价税合计（大写）	⊗肆仟伍佰壹拾捌元肆角玖分				（小写）¥4518.49		
备注							

开票人：潘春蕾

凭证 74-3　电费分配表

业务 75：支付本月水费，共 4 张原始凭证。

凭证 75-1　增值税专用发票

电子发票（增值税专用发票）

发票号码：23322002001200011066
开票日期：2023年12月31日

购买方信息	名称：南京顺驰汽车科技有限公司 统一社会信用代码/纳税人识别号：9132011578383206X8	销售方信息	名称：南京市江宁区自来水有限公司 统一社会信用代码/纳税人识别号：91320115135592015Y

项目名称	规格型号	单位	数量	单价	金额	税率/征收率	税额
*水冰雪*污水处理费		吨	1974	1.95	3849.30	0%	0.00
合计					¥3 849.30		¥0.00

价税合计（大写）	⊗叁仟捌佰肆拾玖元叁角整	（小写）¥3849.30

备注	

开票人：潘春蕾

中国工商银行　网上银行电子回单

电子回单号码：0016-2066-23095-1100

付款人	户　名	南京顺驰汽车科技有限公司	收款人	户　名	南京市江宁区自来水有限公司
	账　号	4301011409100236682		账　号	4301055693111234782
	开户银行	工商银行南京鼓楼支行		开户银行	工商银行南京大市口分理处
金额	¥8367.79		金额(大写)	人民币捌仟叁佰陆拾柒元柒角玖分	
摘要			业务(产品)种类	汇划发报	
用途	水费				
交易流水号	20126250		时间戳	2023-12-31-17.23.10.220.945	
备注					
验证码：JN0922zls00BTA3cf2DGsZRv823Upp=					
记账网点	00505	记账柜员	00006	记账日期	2023年12月31日

打印日期:2023年12月31日

凭证 75-2 增值税专用发票

凭证 75-3 网上银行电子回单

费用分配表

2023 年 12 月 31 日

部　门	用量(吨)	自来水费用分摊	污水处理费分摊	合　计
热处理车间	500			
冷加工车间	900			
机修车间	210			
车　队	190			
销售部门	74			
管理部门	100			
合　计	1974			

审核：　　　　　　　　　　　　记账：　　　　　　　　　　　　制单：

机修工人夜班补贴发放表

2023 年 12 月 31 日

序号	姓　名	夜班次数	补贴金额	签　名
1	张志坤	6	600.00	张志坤
2	董荣珺	10	1000.00	董荣珺
3	蔡锦尚	8	800.00	蔡锦尚
合计			￥2400.00	

（现金付讫）

凭证 75-4　费用分配表

业务 76：发放机修工人夜班补贴，共 1 张原始凭证。

凭证 76　机修工人夜班补贴发放表

发出材料单位成本计算表

2023 年 12 月 31 日

材料名称	本月期初		本月购入		加权平均单价
	数量	金额	数量	金额	
甲材料					
乙材料					
润滑剂 A					
润滑剂 B					
成品油 A					
成品油 B					
泡沫塑料					
配件 A 包装箱					
配件 B 包装箱					
配件 C 包装箱					
防护服					
安全帽					

原材料发料汇总表

2023 年 12 月 31 日

类别 用途	甲材料		乙材料		润滑剂 A		润滑剂 B		成品油 A		成品油 B		泡沫塑料		金额合计
	数量	金额	数量	金额	数量	金额	数量	金额	数量	金额	数量	金额	数量	金额	
配件 A	2000		14000		210		150		1400		2900		120		
配件 B	1900		15000		200		140		1500		3000		130		
配件 C	400		3000		60		40		350		580		50		
合 计	4300		32000		470		330		3250		6480		300		

审核： 记账： 制单：

业务 77：汇总本月发出材料金额，共 3 张原始凭证。

凭证 77-1　发出材料单位成本计算表

凭证 77-2　原材料发料汇总表

周转材料发料汇总表

2023 年 12 月 31 日

类别 用途	配件 A 包装箱		配件 B 包装箱		配件 C 包装箱		防护服		安全帽		金额 合计
	数量	金额	数量	金额	数量	金额	数量	金额	数量	金额	
配件 A	340										
配件 B			320								
配件 C					200						
热处理车间							30		30		
冷加工车间							30		30		
机修车间							10		10		
车 队							5		5		
合 计											

审核: 　　　　记账: 　　　　制单:

财产物资盘点报告单

类别:存货　　　　　　　2023 年 12 月 31 日

类别	名称	单位	数 量		盘 盈		盘 亏		备注
			账面数	盘点数	数量	金额	数量	金额	
包装材料	泡沫塑料	千克	250	247			3		
合计									

原因分析:合理范围内的计量误差　　　　审批意见:转入"管理费用"

单位盖章:　　　　财务负责人:乔国辉　　　　制表:杨富春

凭证 77-3　周转材料发料汇总表

业务 78：存货盘亏，共 1 张原始凭证。

凭证 78　财产物资盘点报告单

南京顺驰汽车科技有限公司

关于核销存货盘亏的请示

公司领导：

按照公司管理制度要求，年末存货盘点，发现泡沫塑料盘亏三千克，属于合理范围内的计量误差，请批准转入"管理费用"。

财 务 部

2023 年 12 月 31 日

经研究决定，同意财务部的意见。

职工工资计算表

2023 年 12 月 31 日

项目 部门		应付工资	代扣款项					实发工资
			个人 所得税	养老 保险	失业 保险	医疗 保险	住房 公积金	
热处理 车　间	生产工人	169000.00	845.00	13520.00	845.00	3380.00	13520.00	136890.00
	管理人员	13000.00	65.00	1040.00	65.00	260.00	1040.00	10530.00
冷加工 车　间	生产工人	217000.00	1085.00	17360.00	1085.00	4340.00	17360.00	175770.00
	管理人员	15000.00	75.00	1200.00	75.00	300.00	1200.00	12150.00
机修车间		27900.00	139.50	2232.00	139.50	558.00	2232.00	22599.00
车　队		29600.00	148.00	2368.00	148.00	592.00	2368.00	23976.00
销售部门		42100.00	210.50	3368.00	210.50	842.00	3368.00	34101.00
管理部门		64900.00	324.50	5192.00	324.50	1298.00	5192.00	52569.00
合　计		578500.00	2892.50	46280.00	2892.50	11570.00	46280.00	468585.00

业务79：核销存货盘亏，共1张原始凭证。

凭证79 请示文件

业务80：分配本月工资费用，共2张原始凭证。

凭证80-1 职工工资计算表

工资费用分配计算表

2023 年 12 月 31 日

产品车间部门		生产工时(小时)	分 配 率	分配金额
热处理车间生产工人	配件 A	12000		
	配件 B	14000		
	配件 C	8500		
	小 计	34500		169000.00
热处理车间管理人员				13000.00
冷加工车间生产工人	配件 A	10000		
	配件 B	11000		
	配件 C	10000		
	小 计	31000		217000.00
冷加工车间管理人员				15000.00
机修车间				27900.00
车 队				29600.00
销售部门				42100.00
管理部门				64900.00
合 计				578500.00

社会保险费费用分配计算表

2023 年 12 月 31 日

产品车间部门		生产工时（小时）	分配金额（合计）	养老保险	医疗保险	失业保险	工伤保险	生育保险
热处理车间生产工人	配件 A	12000						
	配件 B	14000						
	配件 C	8500						
	小 计	34500						
热处理车间管理人员								
冷加工车间生产工人	配件 A	10000						
	配件 B	11000						
	配件 C	10000						
	小 计	31000						
冷加工车间管理人员								
机修车间								
车 队								
管理部门								
销售部门								
合 计								

凭证80-2   工资费用分配计算表

业务81：计算本月企业应负担的社会保险费，共1张原始凭证。

凭证81   社会保险费费用分配计算表

工会经费费用分配计算表

2023 年 12 月 31 日

产品车间部门		生产工时（小时）	工会经费费用分配金额
热处理车间生产工人	配件 A	12000	
	配件 B	14000	
	配件 C	8500	
	小　计	34500	3380.00
热处理车间管理人员			260.00
冷加工车间生产工人	配件 A	10000	
	配件 B	11000	
	配件 C	10000	
	小　计	31000	4340.00
冷加工车间管理人员			300.00
机修车间			558.00
车　队			592.00
管理部门			1298.00
销售部门			842.00
合　计			11570.00

住房公积金费用分配计算表

2023 年 12 月 31 日

产品车间部门		生产工时（小时）	住房公积金分配额
热处理车间生产工人	配件 A	12000	
	配件 B	14000	
	配件 C	8500	
	小　计	34500	13520.00
热处理车间管理人员			1040.00
冷加工车间生产工人	配件 A	10000	
	配件 B	11000	
	配件 C	10000	
	小　计	31000	17360.00
冷加工车间管理人员			1200.00
机修车间			2232.00
车　队			2368.00
管理部门			5192.00
销售部门			3368.00
合　计			46280.00

业务 82：计算本月企业应负担的工会经费，共 1 张原始凭证。

凭证 82　工会经费费用分配计算表

业务 83：计算本月企业应负担的职工住房公积金，共 1 张原始凭证。

凭证 83　住房公积金费用分配计算表

增值税纳税申报表

(一般纳税人适用)

根据国家税收法律法规及增值税相关规定制定本表。纳税人不论有无销售额,均应按税务机关核定的纳税期限填写本表,并向当地税务机关申报。

税款所属时间: 自　年　月　日至　年　月　日　　　填表日期:　年　月　日　　金额单位:元至角分

纳税人识别号					
纳税人名称	(公章)	法定代表人姓名		注册地址		生产经营地址	
开户银行及账号		登记注册类型			电话号码	

	项　目	栏次	一般项目		即征即退项目	
			本月数	本年累计	本月数	本年累计
销售额	(一)按适用税率计税销售额	1				
	其中:应税货物销售额	2				
	应税劳务销售额	3				
	纳税检查调整的销售额	4				
	(二)按简易办法计税销售额	5				
	其中:纳税检查调整的销售额	6				
	(三)免、抵、退办法出口销售额	7			—	—
	(四)免税销售额	8				
	其中:免税货物销售额	9				
	免税劳务销售额	10				
税款计算	销项税额	11				
	进项税额	12				
	上期留抵税额	13			—	—
	进项税额转出	14				
	免、抵、退应退税额	15			—	—
	按适用税率计算的纳税检查应补缴税额	16				
	应抵扣税额合计	17=12+13−14−15+16			—	—
	实际抵扣税额	18(如17<11,则为17,否则为11)				
	应纳税额	19=11−18				
	期末留抵税额	20=17−18				
	简易计税办法计算的应纳税额	21				
	按简易计税办法计算的纳税检查应补缴税额	22				
	应纳税额减征额	23				
	应纳税额合计	24=19+21−23				

业务 84：计算并结转本月应交的增值税，共 1 张原始凭证。

凭证 84 增值税纳税申报表

(续表)

	项　目	栏次	一般项目		即征即退项目	
			本月数	本年累计	本月数	本年累计
税款缴纳	期初未缴税额(多缴为负数)	25				
	实收出口开具专用缴款书退税额	26			—	—
	本期已缴税额	27＝28＋29＋30＋31				
	①分次预缴税额	28			—	—
	②出口开具专用缴款书预缴税额	29			—	—
	③本期缴纳上期应纳税额	30				
	④本期缴纳欠缴税额	31				
	期末未缴税额(多缴为负数)	32＝24＋25＋26－27				
	其中:欠缴税额(≥0)	33＝25＋26－27			—	—
	本期应补(退)税额	34＝24－28－29				
	即征即退实际退税额	35	—	—		
	期初未缴查补税额	36			—	—
	本期入库查补税额	37			—	—
	期末未缴查补税额	38＝16＋22＋36－37			—	—
授权声明	如果你已委托代理人申报,请填写下列资料: 为代理一切税务事宜,现授权 (地址)　　　　　　为本纳税人的代理申报人,任何与本申报表有关的往来文件,都可寄予此人。 授权人签字:	申报人声明	本纳税申报表是根据国家税收法律法规及相关规定填报的,我确定它是真实的、可靠的、完整的。 声明人签字:			

以下由税务机关填写:
主管税务机关:　　　　　　接收人:　　　　　　接收日期:

地方税（费、基金）综合申报表

纳税人或扣缴义务人名称（盖章）：　　　　　　　　　　税务管理码：

税款来源：□正常申报　□代扣代缴　□稽查查补　□预告自查　□税款清算　□纳税评估　□行政处罚　□风险自查　□委托代征　□其他

税款业项目申报：□房产　□建筑　　　　　　　　　　项目名称：

编号：　　　　　　　　　　　　　　　　　　　　　　单位：元（列至元角分）

征收项目	征收品目	税款所属期	应税收入	应税减除项目金额			免税收入	适用税率	应纳税额	减免税额	前期多缴税额	本期已缴税额	应征（退）税额	缴款方式
				上期未抵扣	本期发生抵扣	本期实际抵扣	本期未抵扣							
1	2	3	4			5		6	7	8=(4-5-6)*7	9	10	11	12=8-9-10-11	□银行扣款　□现金缴款
本表应缴纳税（基金）合计															

谨声明：
此纳税申报表是根据国家相关税收法律和有关税收规定填报的，是真实的、可靠的、完整的。

单位法定代表人：（签字）

填表日期：　　年　月　日

办税人：

联系电话：

填表日期：　　年　月　日

税务机关受理人：

　　　　　　　　年　月　日

业务 85：地方税(费、基金)综合申报，共 1 张原始凭证。

凭证 85 地方税(费、基金)综合申报表

地方税(费、基金)综合申报表填表说明

一、本表适用范围

本表适用于实行上门申报的纳税人在月(季度或年度)申报缴纳城市维护建设税、教育费附加、地方教育附加、文化事业建设费、附征个人所得税、附征企业所得税、车船税、房产税、城市房地产税、土地使用税、印花税、资源税以及江苏省各类地方基金时使用。

二、表头项目

1. "纳税人或扣缴义务人名称"：填报税务机关核发的税务登记证纳税人全称。
2. "税务管理码"：填报管理码(15 位)。
3. "税款来源"：根据实际情况在相应来源前打勾，其他类的自行填写来源。
4. "编号"：用于建筑项目税款申报时填写施工方项目登记编号，用于稽查查补、预告自查、风险自查、纳税评估税款申报时填写案件编号。
5. "项目名称"：用于建筑项目方项目名称。

三、各栏次的填报

1. 本表第 1 栏："征收项目"填写申报的相应税种。
2. 本表第 2 栏："征收品目"填写申报税种对应税目。
3. 本表第 3 栏："税款所属期"填写纳税人申报的应纳税种的相应纳税额的所属时间，应填写具体的起止年、月、日。
4. 本表第 4 栏："应税收入"填写纳税人本期取得的应纳税种的计税依据(包括免税收入)
5. 本表第 5 栏："应税扣除项目金额"中"本期实际抵扣"中填写纳税人本期取得的应税收入中按规定本期可实际扣除的项目金额。
6. 本表第 6 栏："免税收入"填写纳税人本期取得的应税收入中不需税务机关审批可直接免缴税款的应税收入或已经税务机关批准的免税项目应税收入。
7. 本表第 7 栏："税率"应填写按照税收法律规定相应税种税目对应的税率或定额税额标准。
8. 本表第 8 栏："应纳税额"根据栏次计算填报，第 8 栏＝(第 4 栏－第 5 栏－第 6 栏)×第 7 栏。
9. 本表第 9 栏："减免税额"填报按照税收规定当期实际享受的减免税额。
10. 本表第 10 栏："应缴纳税额"填写本期(不含本期)多缴纳的税额。
11. 本表第 11 栏："前期多缴税额"填写"填写纳税人截至本期已缴纳的本期应纳税额。
12. 本表第 12 栏："应征(退)税额"根据栏次计算填报，第 12 栏＝第 8 栏－第 9 栏－第 10 栏－第 11 栏。
13. "缴款方式"纳税人根据实际缴款方式选择。
14. 本表日期"填写纳税人填写本表的具体日期。

金融资产信息表

　　年　　月　　日

金融资产项目	持有数量	账面价值	收盘价	资产公允价值	公允价值变动损益	
					损失	利得
"格力电器"股票	3 000 股		56.72	170 160.00		

坏账准备提取计算表

　　年　　月　　日

账户名称	期末余额	坏账提取率	应提取额	本次计提前坏账准备余额	实际提取额
		3‰			

存货跌价准备计提表

　　年　　月　　日

存货名称	存货成本	存货账面余额	存货可变现净值	存货跌价准备	
				补提	冲回
乙材料			139 562		
合　计					

业务86：交易性金融资产期末计量，共1张原始凭证。

凭证86 金融资产信息表

业务87：计提年度坏账准备，共1张原始凭证。

凭证87 坏账准备提取计算表

业务88：计提存货跌价准备，共1张原始凭证。

凭证88 存货跌价准备计提表

固定资产折旧计提表

年　　月　　日

使用部门或用途	上月计提折旧额	上月增加固定资产计提折旧额	上月减少固定资产计提折旧额	本月应计提折旧额
热处理车间	11 000.00	1 500.00		
冷加工车间	14 000.00			
机修车间	4 500.00			
车　　队	7 000.00			
管理部门	9 000.00		1 000.00	
销售部门	4 000.00	500.00		
出　　租	2 500.00			
合　　计	52 000.00			

无形资产摊销表

年　　月　　日

无形资产	账面成本	摊销期限	当月摊销额
专利技术	240 000.00	10 年	2 000.00
合　　计			2 000.00

费用摊销表

年　　月　　日

费用项目	受益期间	已摊销期限(月)	未摊销期限(月)	未摊销金额	本月摊销额
书报费	2023.01—2023.12	11	1	300.00	300.00
合　　计					300.00

业务 89：计提固定资产折旧，共 1 张原始凭证。

凭证 89　固定资产折旧计提表

业务 90：摊销无形资产，共 1 张原始凭证。

凭证 90　无形资产摊销表

业务 91：摊销本月应负担的报刊征订费，共 1 张原始凭证。

凭证 91　费用摊销表

借款利息提取计算表

年　月　日

借款种类	借款本金	利率(月)	计息起始日	借款本期利息
短期借款	400 000.00	0.50%	2023年12月1日	2 000.00
合　计				2 000.00

职工教育经费结转表

年　月　日

结转项目	金　额
结转本月发生的职工教育经费支出	

辅助生产车间劳务资料

年　月　日

部门	计量单位	耗用量	受益明细					
			热处理车间	冷加工车间	机修车间	车队	管理部门	销售部门
机修车间	小时	1 600	600	800	—	90	70	40
车　队	千米	35 000	1 000	1 500	500	—	9 000	23 000

辅助生产费用分配表

年　月　日

部门	分配金额	分配率	热处理车间		冷加工车间		管理部门		销售部门	
			数量	金额	数量	金额	数量	金额	数量	金额
机修车间										
车　队										

业务92：当月应负担的借款利息费用，共1张原始凭证。

凭证92　借款利息提取计算表

业务93：结转本月发生的职工教育经费支出，共1张原始凭证。

凭证93　职工教育经费结转表

业务94：分配辅助生产费用，共2张原始凭证。

凭证94-1　辅助生产车间劳务资料

凭证94-2　辅助生产费用分配表

制造费用分配表

年　月　日

生产车间	分配金额	生产工时（小时）	分配率	配件 A		配件 B		配件 C	
				生产工时	金额	生产工时	金额	生产工时	金额
热处理车间				12 000		14 000		8 500	
冷加工车间				10 000		11 000		10 000	
合　计				22 000		25 000		18 500	

产品入库汇总单

年　月　日

产品名称	计量单位	数量	单位成本	总成本
配件 A	只	40 000		
配件 B	只	33 000		
配件 C	只	21 000		
合　计				

月末在产品盘存表

年　月　日

产品名称	计量单位	数量	完成程度	在产品约当产量
配件 A	只	4 500	60%	
配件 B	只	7 000	80%	
配件 C	只	2 200	70%	
合　计				

业务 95：分配制造费用,共 1 张原始凭证。

凭证 95　制造费用分配表

业务 96：计算产品成本,共 5 张原始凭证。

凭证 96-1　产品入库汇总单

凭证 96-2　月末在产品盘存表

产品成本计算单

产品名称：配件 A　　　　　　　　年　月　日　　　　　　　　完工数量：
　　　　　　　　　　　　　　　　　　　　　　　　　　　　　　在产品数量：

成本项目	月初在产品	本月生产费用	费用合计	约当产量	分配率	完工产品成本	月末在产品成本
直接材料							
直接人工							
制造费用							
合　计							

产品成本计算单

产品名称：配件 B　　　　　　　　年　月　日　　　　　　　　完工数量：
　　　　　　　　　　　　　　　　　　　　　　　　　　　　　　在产品数量：

成本项目	月初在产品	本月生产费用	费用合计	约当产量	分配率	完工产品成本	月末在产品成本
直接材料							
直接人工							
制造费用							
合　计							

产品成本计算单

产品名称：配件 C　　　　　　　　年　月　日　　　　　　　　完工数量：
　　　　　　　　　　　　　　　　　　　　　　　　　　　　　　在产品数量：

成本项目	月初在产品	本月生产费用	费用合计	约当产量	分配率	完工产品成本	月末在产品成本
直接材料							
直接人工							
制造费用							
合　计							

凭证 96-3　产品成本计算单

凭证 96-4　产品成本计算单

凭证 96-5　产品成本计算单

库存商品加权平均单位成本计算表

年　　月　　日

库存商品名称	计量单位	本期期初结存		本月完工入库		加权平均单位成本
		数量	金额	数量	金额	
配件 A	只					
配件 B	只					
配件 C	只					
合　计						

产品销售成本计算表

年　　月　　日

产品名称	计量单位	销售数量	加权平均单位成本	总成本
配件 A	只			
配件 B	只			
配件 C	只			
合　计				

业务 97：计算已销产品成本，共 2 张原始凭证。

凭证 97-1　库存商品加权平均单位成本计算表

凭证 97-2　产品销售成本计算表

A200000　中华人民共和国企业所得税月(季)度预缴纳税申报表(A类)

税款所属期间：　　年　月　日至　　年　月　日

纳税人识别号(统一社会信用代码)：□□□□□□□□□□□□□□□□□□

纳税人名称：　　　　　　　　　　　　　　　　　　　　金额单位：人民币元(列至角分)

预缴方式	□按照实际利润额预缴　　　　　　□按照上一纳税年度应纳税所得额平均额预缴 □按照税务机关确定的其他方法预缴	
企业类型	□一般企业　　□跨地区经营汇总纳税企业总机构　　□跨地区经营汇总纳税企业分支机构	
预缴税款计算		
行次	项目	本年累计金额
1	营业收入	
2	营业成本	
3	利润总额	
4	加:特定业务计算的应纳税所得额	
5	减:不征税收入	
6	减:免税收入、减计收入、所得减免等优惠金额(填写A201010)	
7	减:固定资产加速折旧(扣除)调减额(填写A201020)	
8	减:弥补以前年度亏损	
9	实际利润额(3+4-5-6-7-8)\按照上一纳税年度应纳税所得额平均额确定的应纳税所得额	
10	税率(25%)	
11	应纳所得税额(9×10)	
12	减:减免所得税额(填写A201030)	
13	减:实际已缴纳所得税额	
14	减:特定业务预缴(征)所得税额	
15	本期应补(退)所得税额(11-12-13-14)\税务机关确定的本期应纳所得税额	
汇总纳税企业总分机构税款计算		
16	总机构填报	总机构本期分摊应补(退)所得税额(17+18+19)	
17		其中:总机构分摊应补(退)所得税额(15×总机构分摊比例__%)	
18		财政集中分配应补(退)所得税额(15×财政集中分配比例__%)	
19		总机构具有主体生产经营职能的部门分摊所得税额(15×全部分支机构分摊比例__%×总机构具有主体生产经营职能部门分摊比例__%)	
20	分支机构填报	分支机构本期分摊比例	
21		分支机构本期分摊应补(退)所得税额	

业务 98：计算本月应交的所得税，共 1 张原始凭证。

凭证 98　预缴纳税申报表

（续表）

附报信息					
高新技术企业	□是	□否	科技型中小企业	□是	□否
技术入股递延纳税事项	□是	□否			
按季度填报信息					
季初从业人数			季末从业人数		
季初资产总额（万元）			季末资产总额（万元）		
国家限制或禁止行业	□是	□否	小型微利企业	□是	□否
谨声明:本纳税申报表是根据国家税收法律法规及相关规定填报的,是真实的、可靠的、完整的。 　　　　　　　　　　　　　　　　　　　　　　　　纳税人(签章)：　　　　年　月　日					
经办人： 经办人身份证号： 代理机构签章： 代理机构统一社会信用代码：			受理人： 受理税务机关(章)： 受理日期：　　年　月　日		

国家税务总局监制

支出类账户结转本年利润表

年　月　日

转账账户	借　方	贷　方
主营业务成本		
税金及附加		
其他业务成本		
销售费用		
管理费用		
财务费用		
营业外支出		
资产减值损失		
信用减值损失		
所得税费用		
合　计		

收入类账户结转本年利润表

年　月　日

结转账户	借　方	贷　方
主营业务收入		
其他业务收入		
投资收益		
公允价值变动损益		
营业外收入		
合　计		

业务 99：结转支出类账户，共 1 张原始凭证。

凭证 99　支出类账户结转本年利润表

业务 100：结转收入类账户，共 1 张原始凭证。

凭证 100　收入类账户结转本年利润表

本年利润结转利润分配表
年　月　日

转账账户	借　方	贷　方
本年利润		

盈余公积提取计算表
年　月　日

提取类型	本年净利润	提取比例	提取金额
法定盈余公积			
合　计			

利润分配结转表
年　月　日

结　转　账　户	金　额
利润分配——提取法定盈余公积	

业务 101：结转本年利润，共 1 张原始凭证。

凭证 101　本年利润结转利润分配表

业务 102：提取法定盈余公积，共 1 张原始凭证。

凭证 102　盈余公积提取计算表

业务 103：结转利润分配，共 1 张原始凭证。

凭证 103　利润分配结转表

三、科目汇总表及会计报表

根据记账凭证编制科目汇总表,登记总账并编制会计报表。

科目汇总表

年 月 日— 年 月 日　　　　　　　　No 汇

科目编号	科目名称	借方发生额	贷方发生额	过账
	合计			

记账:　　　　　　　　　审核:　　　　　　　　　制表:

科目汇总表

年 月 日— 年 月 日　　　　　　No 汇

科目编号	科目名称	借方发生额	贷方发生额	过账
	合计			

记账：　　　　　　　　　　　　审核：　　　　　　　　　　　　制表：

科目汇总表

　　　　　　　　　年　月　日—　年　月　日　　　　　　　No 汇

科目编号	科目名称	借方发生额	贷方发生额	过账
	合计			

记账：　　　　　　　　　　　　　审核：　　　　　　　　　　　　制表：

科目汇总表

　　　　　　　　　年　月　日—　年　月　日　　　　　　　　No 汇

科目编号	科目名称	借方发生额	贷方发生额	过账
合计				

记账：　　　　　　　　　　　　　审核：　　　　　　　　　　　　　制表：

科目汇总表

　　　　　　　　　　　年　月　日—　年　月　日　　　　　　　No 汇

科目编号	科目名称	借方发生额	贷方发生额	过账
	合计			

记账：　　　　　　　　　　　　　　审核：　　　　　　　　　　　　　　制表：

科目汇总表

年　月　日—　年　月　日　　　　　　　No 汇

科目编号	科目名称	借方发生额	贷方发生额	过账
合计				

记账：　　　　　　　　　　审核：　　　　　　　　　　制表：

试 算 平 衡 表

年　　月　　日

科目编号	科目名称	期末余额	
		借方	贷方
	合计		

审核：　　　　　　　　　　　　　　　　　　　　　　　　　　制表：

试 算 平 衡 表

年　　月　　日

科目编号	科目名称	期末余额	
		借方	贷方
	合计		

审核：　　　　　　　　　　　　　　　　　　　　　　　　　　　　　制表：

资产负债表

会企01表
单位：元

编制单位：　　　　　　　　　　　年　月　日

资产	期末余额	上年年末余额	负债和所有者权益（或股东权益）	期末余额	上年年末余额
流动资产：			流动负债：		
货币资金			短期借款		
交易性金融资产			交易性金融负债		
衍生金融资产			衍生金融负债		
应收票据			应付票据		
应收账款			应付账款		
应收款项融资			预收款项		
预付款项			合同负债		
其他应收款			应付职工薪酬		
存货			应交税费		
合同资产			其他应付款		
持有待售资产			持有待售负债		
一年内到期的非流动资产			一年内到期的非流动负债		
其他流动资产			其他流动负债		
流动资产合计			流动负债合计		
非流动资产：			非流动负债：		
债权投资			长期借款		
其他债权投资			应付债券		
长期应收款			其中：优先股		
长期股权投资			永续债		
其他权益工具投资			租赁负债		
其他非流动金融资产			长期应付款		
投资性房地产			预计负债		
固定资产			递延收益		
在建工程			递延所得税负债		
生产性生物资产			其他非流动负债		
油气资产			非流动负债合计		
使用权资产			负债合计		
无形资产			所有者权益（或股东权益）		
开发支出			实收资本（或股本）		
商誉			其他权益工具		
长期待摊费用			其中：优先股		
递延所得税资产			永续债		
其他非流动资产			资本公积		
非流动资产合计			减：库存股		
			其他综合收益		
			专项储备		
			盈余公积		
			未分配利润		
			所有者权益（或股东权益）合计		
资产总计			负债和所有者权益（或股东权益）总计		

资产负债表

编制单位：　　　　　　　　　　　　年　月　日　　　　　　　　　会企01表　单位:元

资产	期末余额	上年年末余额	负债和所有者权益（或股东权益）	期末余额	上年年末余额
流动资产：			流动负债：		
货币资金			短期借款		
交易性金融资产			交易性金融负债		
衍生金融资产			衍生金融负债		
应收票据			应付票据		
应收账款			应付账款		
应收款项融资			预收款项		
预付款项			合同负债		
其他应收款			应付职工薪酬		
存货			应交税费		
合同资产			其他应付款		
持有待售资产			持有待售负债		
一年内到期的非流动资产			一年内到期的非流动负债		
其他流动资产			其他流动负债		
流动资产合计			流动负债合计		
非流动资产：			非流动负债：		
债权投资			长期借款		
其他债权投资			应付债券		
长期应收款			其中：优先股		
长期股权投资			永续债		
其他权益工具投资			租赁负债		
其他非流动金融资产			长期应付款		
投资性房地产			预计负债		
固定资产			递延收益		
在建工程			递延所得税负债		
生产性生物资产			其他非流动负债		
油气资产			非流动负债合计		
使用权资产			负债合计		
无形资产			所有者权益(或股东权益)		
开发支出			实收资本(或股本)		
商誉			其他权益工具		
长期待摊费用			其中：优先股		
递延所得税资产			永续债		
其他非流动资产			资本公积		
非流动资产合计			减：库存股		
			其他综合收益		
			专项储备		
			盈余公积		
			未分配利润		
			所有者权益(或股东权益)合计		
资产总计			负债和所有者权益（或股东权益）总计		

利 润 表

企会 02 表

编制单位： 年 月 单位：元

项　　目	本期金额	上期金额
一、营业收入		
减：营业成本		
税金及附加		
销售费用		
管理费用		
研发费用		
财务费用		
其中：利息费用		
利息收入		
加：其他收益		
投资收益（损失以"－"号填列）		
其中：对联营企业和合营企业的投资收益		
以摊余成本计量的金融资产终止确认收益（损失以"－"号填列）		
净敞口套期收益（损失以"－"号填列）		
公允价值变动收益（损失以"－"号填列）		
信用减值损失（损失以"－"号填列）		
资产减值损失（损失以"－"号填列）		
资产处置收益（损失以"－"号填列）		
二、营业利润（亏损以"－"号填列）		
加：营业外收入		
减：营业外支出		
三、利润总额（亏损总额以"－"号填列）		
减：所得税费用		
四、净利润（净亏损以"－"号填列）		
（一）持续经营净利润（净亏损以"－"号填列）		
（二）终止经营净利润（净亏损以"－"号填列）		
五、其他综合收益的税后净额		
（一）不能重分类进损益的其他综合收益		
1. 重新计量设定受益计划变动额		
2. 权益法下不能转损益的其他综合收益		
3. 其他权益工具投资公允价值变动		
4. 企业自身信用风险公允价值变动		
……		
（二）将重分类进损益的其他综合收益		
1. 权益法下可转损益的其他综合收益		
2. 其他债权投资公允价值变动		
3. 金融资产重分类计入其他综合收益的金额		
4. 其他债权投资信用减值准备		
5. 现金流量套期储备		
6. 外币财务报表折算差额		
……		
六、综合收益总额		
七、每股收益：		
（一）基本每股收益		
（二）稀释每股收益		

利 润 表

编制单位：　　　　　　　　　　　　　　　年　　月　　　　　　　　　　　　企会 02 表
单位：元

项　　目	本期金额	上期金额
一、营业收入		
减：营业成本		
税金及附加		
销售费用		
管理费用		
研发费用		
财务费用		
其中：利息费用		
利息收入		
加：其他收益		
投资收益（损失以"－"号填列）		
其中：对联营企业和合营企业的投资收益		
以摊余成本计量的金融资产终止确认收益（损失以"－"号填列）		
净敞口套期收益（损失以"－"号填列）		
公允价值变动收益（损失以"－"号填列）		
信用减值损失（损失以"－"号填列）		
资产减值损失（损失以"－"号填列）		
资产处置收益（损失以"－"号填列）		
二、营业利润（亏损以"－"号填列）		
加：营业外收入		
减：营业外支出		
三、利润总额（亏损总额以"－"号填列）		
减：所得税费用		
四、净利润（净亏损以"－"号填列）		
（一）持续经营净利润（净亏损以"－"号填列）		
（二）终止经营净利润（净亏损以"－"号填列）		
五、其他综合收益的税后净额		
（一）不能重分类进损益的其他综合收益		
1. 重新计量设定受益计划变动额		
2. 权益法下不能转损益的其他综合收益		
3. 其他权益工具投资公允价值变动		
4. 企业自身信用风险公允价值变动		
……		
（二）将重分类进损益的其他综合收益		
1. 权益法下可转损益的其他综合收益		
2. 其他债权投资公允价值变动		
3. 金融资产重分类计入其他综合收益的金额		
4. 其他债权投资信用减值准备		
5. 现金流量套期储备		
6. 外币财务报表折算差额		
……		
六、综合收益总额		
七、每股收益：		
（一）基本每股收益		
（二）稀释每股收益		

现金流量表

会企 03 表

编制单位：　　　　　　　　　　　　　年　　月　　　　　　　　　　　　　　　　单位：元

项　　目	本期金额	上期金额
一、经营活动产生的现金流量：		
销售商品、提供劳务收到的现金		
收到的税费返还		
收到其他与经营活动有关的现金		
经营活动现金流入小计		
购买商品、接受劳务支付的现金		
支付给职工以及为职工支付的现金		
支付的各项税款		
支付其他与经营活动有关的现金		
经营活动现金流出小计		
经营活动产生的现金流量净额		
二、投资活动产生的现金流量：		
收回投资收到的现金		
取得投资收益收到的现金		
处置固定资产、无形资产和其他长期资产收回的现金净额		
处置子公司及其他营业单位收到的现金净额		
收到其他与投资活动有关的现金		
投资活动现金流入小计		
购建固定资产、无形资产和其他长期资产支付的现金		
投资支付的现金		
取得子公司及其他营业单位支付的现金净额		
支付其他与投资活动有关的现金		
投资活动现金流出小计		
投资活动产生的现金流量净额		
三、筹资活动产生的现金流量：		
吸收投资收到的现金		
取得借款收到的现金		
收到其他与筹资活动有关的现金		
筹资活动现金流入小计		
偿还债务支付的现金		
分配股利、利润或偿付利息支付的现金		
支付其他与筹资活动有关的现金		
筹资活动现金流出小计		
筹资活动产生的现金流量净额		
四、汇率变动对现金及现金等价物的影响		
五、现金及现金等价物净增加额		
加：期初现金及现金等价物余额		
六、期末现金及现金等价物余额		

现金流量表

会企 03 表

编制单位：　　　　　　　　　　　　　　　年　　月　　　　　　　　　　　　　　　单位：元

项　目	本期金额	上期金额
一、经营活动产生的现金流量：		
销售商品、提供劳务收到的现金		
收到的税费返还		
收到其他与经营活动有关的现金		
经营活动现金流入小计		
购买商品、接受劳务支付的现金		
支付给职工以及为职工支付的现金		
支付的各项税款		
支付其他与经营活动有关的现金		
经营活动现金流出小计		
经营活动产生的现金流量净额		
二、投资活动产生的现金流量：		
收回投资收到的现金		
取得投资收益收到的现金		
处置固定资产、无形资产和其他长期资产收回的现金净额		
处置子公司及其他营业单位收到的现金净额		
收到其他与投资活动有关的现金		
投资活动现金流入小计		
购建固定资产、无形资产和其他长期资产支付的现金		
投资支付的现金		
取得子公司及其他营业单位支付的现金净额		
支付其他与投资活动有关的现金		
投资活动现金流出小计		
投资活动产生的现金流量净额		
三、筹资活动产生的现金流量：		
吸收投资收到的现金		
取得借款收到的现金		
收到其他与筹资活动有关的现金		
筹资活动现金流入小计		
偿还债务支付的现金		
分配股利、利润或偿付利息支付的现金		
支付其他与筹资活动有关的现金		
筹资活动现金流出小计		
筹资活动产生的现金流量净额		
四、汇率变动对现金及现金等价物的影响		
五、现金及现金等价物净增加额		
加：期初现金及现金等价物余额		
六、期末现金及现金等价物余额		

所有者权益变动表

编制单位：　　　　　　　　　　　　　　　　　　　　年度　　　　　　　　　　　　　　　　　　　会企04表
单位：元

项　目	本年金额									上年金额								
	实收资本（或股本）	其他权益工具			资本公积	减：库存股	其他综合收益	专项储备	盈余公积	未分配利润	所有者权益合计	实收资本（或股本）	其他权益工具			资本公积	减：库存股	其他综合收益	专项储备	盈余公积	未分配利润	所有者权益合计
		优先股	永续债	其他									优先股	永续债	其他							
一、上年年末余额																						
加：会计政策变更																						
前期差错更正																						
其他																						
二、本年年初余额																						
三、本年增减变动金额（减少以"－"号填列）																						
（一）综合收益总额																						
（二）所有者投入和减少资本																						
1. 所有者投入的普通股																						
2. 其他权益工具持有者投入资本																						
3. 股份支付计入所有者权益的金额																						
4. 其他																						
（三）利润分配																						
1. 提取盈余公积																						
2. 对所有者（或股东）的分配																						
3. 其他																						
（四）所有者权益内部结转																						
1. 资本公积转增资本（或股本）																						
2. 盈余公积转增资本（或股本）																						
3. 盈余公积弥补亏损																						
4. 设定受益计划变动额结转留存收益																						
5. 其他综合收益结转留存收益																						
6. 其他																						
四、本年年末余额																						

所有者权益变动表

年度

编制单位: 会企04表 单位:元

项目	本年金额									上年金额								
	实收资本(或股本)	其他权益工具			资本公积	减:库存股	其他综合收益	专项储备	盈余公积	未分配利润	所有者权益合计	实收资本(或股本)	其他权益工具			资本公积	减:库存股	其他综合收益	专项储备	盈余公积	未分配利润	所有者权益合计
		优先股	永续债	其他									优先股	永续债	其他							
一、上年年末余额																						
加:会计政策变更																						
前期差错更正																						
其他																						
二、本年年初余额																						
三、本年增减变动金额(减少以"-"号填列)																						
(一)综合收益总额																						
(二)所有者投入和减少资本																						
1.所有者投入的普通股																						
2.其他权益工具持有者投入资本																						
3.股份支付计入所有者权益的金额																						
4.其他																						
(三)利润分配																						
1.提取盈余公积																						
2.对所有者(或股东)的分配																						
3.其他																						
(四)所有者权益内部结转																						
1.资本公积转增资本(或股本)																						
2.盈余公积转增资本(或股本)																						
3.盈余公积弥补亏损																						
4.设定受益计划变动额结转留存收益																						
5.其他综合收益结转留存收益																						
6.其他																						
四、本年年末余额																						

附录 教学要求及教学内容
（课程思政）

一、实训概述

教学要求： 使学生了解实训的目的、意义和要求。

课程思政： 通过案例或结合实训内容，帮助学生树立良好的社会服务意识，对自己未来从事的会计工作更加向往和热爱，认真遵守财经法律法规和会计职业道德。

教学内容： ① 实训目标；② 实训步骤；③ 实训组织；④ 实训考核。

二、模拟企业概况

教学要求： 使学生了解模拟企业的基本情况。

课程思政： 通过案例或结合实训内容，帮助学生对企业合法经营与企业的社会责任的理解，深刻认识会计的社会属性和会计信息对社会主义市场经济发展的影响，认识到会计人员在工作过程中应该秉持公平、公正的态度，对业务进行准确的核算，严格按照会计准则开展工作。

教学内容： ① 企业经营信息；② 企业会计核算制度。

三、模拟企业会计业务处理实训

教学要求： 使学生了解企业会计的业务处理。

课程思政： 通过案例或结合实训内容，帮助学生形成凭证填制审核、账簿登记、报表编制等工作严谨、认真的工作态度；帮助学生深刻理解依据会计准则如实核算、客观公正编制财务报表，提供真实、可靠的会计信息对维护社会主义市场经济秩序、保护国家利益、集体和其他各方利益的重要作用；帮助学生深刻认识到纳税是企业的责任和义务，只有依法纳税，才能保证财政收入的稳定性。

教学内容： ① 日常业务会计处理实训；② 成本计算实训；③ 期末会计事项实训；④ 财务报表编制实训；⑤ 纳税申报实训。

四、会计档案整理实训

教学要求： 使学生了解会计档案的整理。

课程思政： 通过案例或结合实训，帮助学生认识到在未来会计工作中，应遵守财经法律法规和会计职业道德，做到坚持准则、依法核算、恪守信用、诚信服务，成为新时代社会主义经济建设与社会发展需要的高素质会计专门人才。

教学内容： ① 会计凭证的装订；② 会计账簿的整理；③ 撰写会计实训报告。